Arts et graphisme

Giovanni Civardi

LE PAYSAGE

Techniques, composition et méthodes

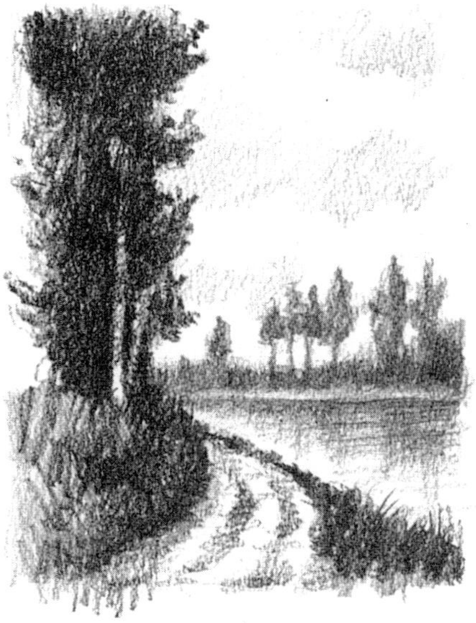

ÉDITIONS DE VECCHI / IL CASTELLO

Dessins de Grazia Cortese

La reproduction des dessins est uniquement autorisée pour des exercices et des études personnels.

Traduction : Céline Vielfaure

«5e édition»
Achevé d'imprimer en mars 2003
à Fizzonasco (Milan), Italie,
sur les presses de Tecnografica Milanese
Dépôt légal: mars 2003
Numéro d'éditeur: 8165

Introduction

L'artiste se trouve dans la nature, posté devant un paysage. Le panorama qui s'offre à ses yeux fait résonner en lui de profondes émotions. Ces émotions peuvent être « chromatiques », et c'est ce qui le poussera alors à peindre, ou purement « plastiques », c'est-à-dire portées principalement sur des consonances structurelles, volumétriques et spatiales, et ce sera alors de préférence vers le dessin qu'il se tournera pour exprimer ce qu'il ressent.

Qu'est-ce qu'un paysage exactement ? Une définition précise n'est tout compte fait pas si facile à donner, et, du reste, il importe peu d'essayer de cerner la notion de paysage de cette manière. Car, plus que les seuls aspects visibles de la nature comme les arbres, les fleuves, la plaine, la mer ou encore la montagne, il s'agit avant tout de l'environnement où évoluent l'homme et l'animal, c'est-à-dire le milieu rural et le milieu urbain avec toutes les transformations induites par l'homme à travers les âges (ponts, routes, cultures, monuments, habitats, etc.). Des plus anciennes périodes de la peinture à l'art contemporain, on retrouve, à chaque époque, le paysage comme expression de la sensibilité de l'artiste, avec de multiples nuances et différences d'un artiste à l'autre dans la manière de percevoir, d'interpréter et de traiter un même thème.

Mais avant de savoir peindre, encore faut-il savoir dessiner (ne dit-on pas souvent qu'un bon peintre est d'abord un bon dessinateur ?) et connaître quelques rudiments de théorie, comme par exemple la perspective et la composition. Et cela non pas pour exercer, au final, un « art » empreint d'académisme stérile et scolaire (et désormais dépassé), mais pour ne plus se contenter du trait premier et instinctif, et connaître, en somme, le « métier » afin de devenir, ensuite, libre de plier la technique à son art, de l'adapter à sa propre exigence artistique, ou encore de la refuser.

Cet ouvrage vise à donner au lecteur une vue globale, clarifiée et synthétique des nombreux aspects de la technique du « paysage », en s'arrêtant sur les principaux écueils que rencontre le dessinateur débutant. Des conseils pour affronter ces difficultés et progresser émaillent l'ouvrage, tirés de ma propre expérience didactique.

Au-delà de l'apprentissage proprement dit et de la mise en pratique des techniques, l'« artiste » débutant doit véritablement apprendre à « voir » la réalité et le monde qui l'entoure pour, ensuite, être capable de traduire graphiquement ses propres impressions. Des dessins et croquis ont été réalisés pour illustrer la partie explicative, et les reproductions photographiques des scènes en question placées à côté – à titre d'exemple ou de modèle – pour le lecteur n'ayant pas la possibilité d'étudier le paysage d'après nature. Si vous choisissez ces sujets-là précisément, dessinez selon le trait et la technique qui vous plaisent sans vous laisser influencer par mon style. De nombreux points techniques abordés dans ce livre feront l'objet, prochainement, de parutions dans la même collection d'ouvrages. Je ne m'y suis donc pas attardé en détail, mais j'ai rassemblé, succinctement, l'essentiel à connaître pour maîtriser la technique du paysage.

1 Le matériel et les différentes techniques

Les instruments les plus rudimentaires et les plus couramment utilisés dans la vie quotidienne peuvent servir à dessiner un paysage : crayon à papier, fusain, pastel, plume et encre, aquarelle, feutre, etc. Chacun de ces instruments, toutefois, produira un effet différent, en raison non seulement des spécificités propres à chaque « outil » et de la technique choisie, mais aussi du support utilisé : papier rugueux ou lisse, papier lin, papier blanc ou de couleur, etc. Les dessins de ces deux pages ont été effectués avec du matériel de base, apte à rendre certaines subtilités de couleurs, de nuances, et autres particularités de la nature.

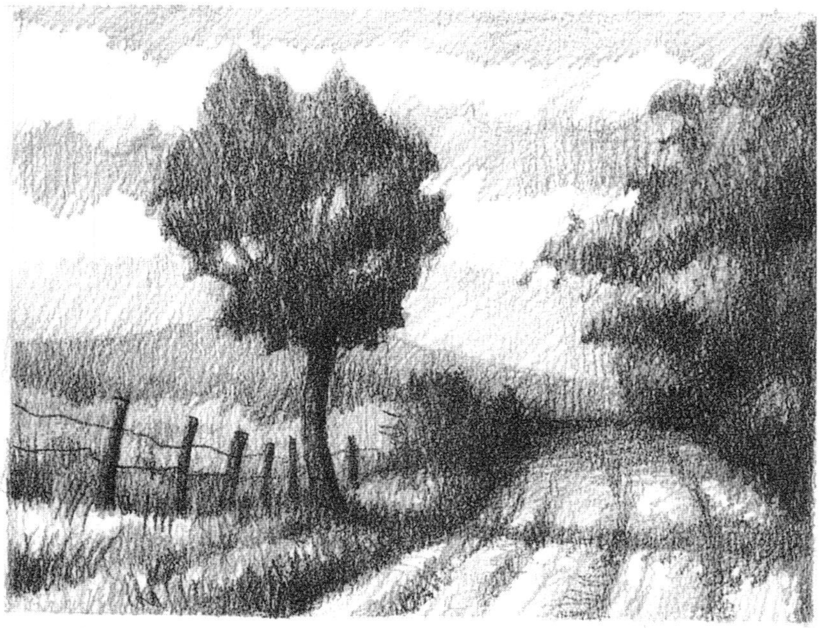

Crayon (H, B, 2B) sur papier à grain

Le crayon est l'instrument le plus fréquemment adopté en dessin. Pour le dessin de paysage, il a l'avantage de permettre une grande spontanéité expressive et une certaine facilité d'exécution. Il peut être utilisé pour des dessins élaborés comme pour de simples études ou esquisses de référence. Pour ces dernières, on choisira, de préférence, une micro mine, tandis que pour les premiers on préférera l'usage de graphites de diamètre plus important et de gradation moins marquée. Les graphites (mine seule à utiliser insérée dans un porte-mine) et crayons à papier (mine insérée dans un crayon de bois) sont classés selon leur consistance : de 9H, très dur, à 6B, très gras.

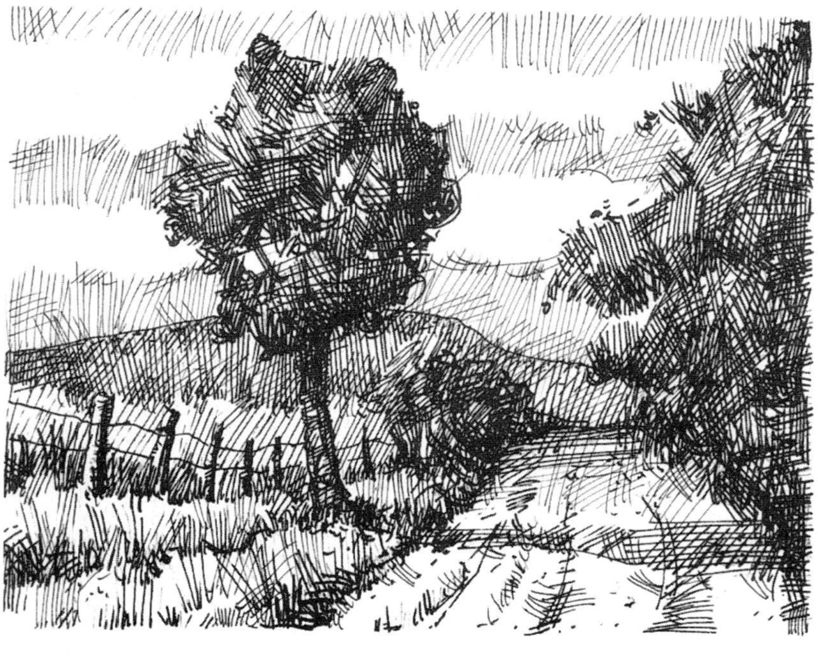

Plume et encre de Chine (ou stylo à bille) sur papier de moyen grammage

L'encre est fréquemment utilisée par les artistes, par le biais du pinceau ou de la plume. Certains effets s'obtiennent en utilisant une plume de bambou ou des plumes de grosse taille, d'autres avec des plumes d'animaux. On peut aussi, à l'aide d'une petite éponge, faire des effets de fondu. Par des traits croisés plus ou moins serrés, on joue sur l'intensité de ton. C'est pourquoi il vaut mieux, pour cette technique, utiliser du papier (ou cartonné) relativement lisse et de bonne qualité, pour éviter que le support n'absorbe exagérément l'encre. Pour les études en extérieur, on préférera, pour des raisons de commodité, utiliser le stylo-plume, le rapidographe, le feutre ou le stylo à bille.

Fusain comprimé sur papier à grain

Le fusain est, par excellence, l'outil de prédilection pour l'étude du paysage, car il permet d'obtenir toute une gamme de nuances du clair au foncé tout en offrant une bonne netteté dans le détail. Il faut l'utiliser avec une certaine « ampleur » du geste et porter l'attention avant tout sur l'agencement des masses dans le paysage. C'est ainsi qu'il développe ses qualités propres d'instrument « versatile » et suggestif. Le fusain comprimé, plus que le fusain naturel, est très pratique pour les études en extérieur. Attention cependant à ne pas salir le dessin en le touchant. Les traits de fusain se fondent et s'estompent en frottant avec le doigt. La gomme dite « mie de pain » permet également de les atténuer. Une fois terminé, le dessin sera protégé par du fixatif.

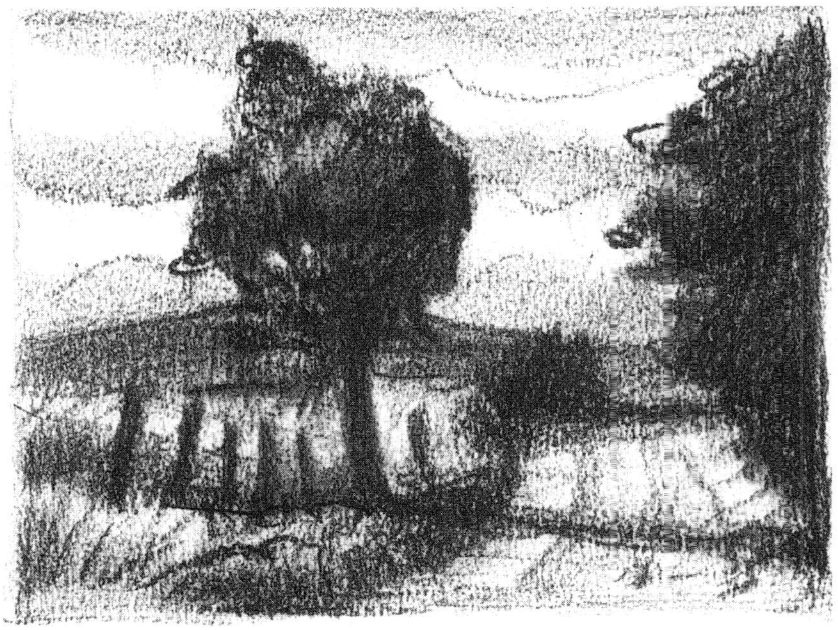

Lavis (encre diluée) sur papier de moyen grammage

L'aquarelle, les encres hydrosolubles ou encore l'encre de Chine diluée à l'eau, sont tout à fait adaptées à l'étude du paysage, bien que se rapprochant plus de la peinture que du dessin. En effet, ces techniques requièrent l'usage du pinceau et demandent, de la part de l'artiste, une vision synthétique et expressive de la couleur. Pour de rapides études en plein air, on peut adopter les graphites ou des crayons de couleur hydrosolubles (dont les traits se fondent facilement en passant par-dessus un pinceau mouillé). Pour le support, choisissez alors de préférence un papier cartonné ou du carton, afin d'éviter que le papier ne gondole.

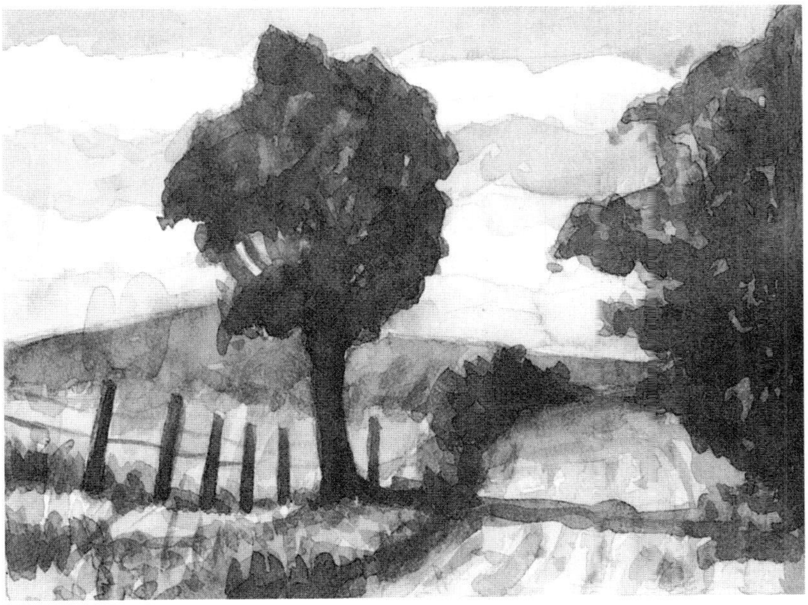

Plume et encre, aquarelle, détrempe blanche sur papier coloré

Les techniques mixtes consistent à utiliser plusieurs instruments différents pour réaliser un dessin, dans la recherche d'effets insolites. Si ces moyens d'expression peuvent être qualifiés de « graphiques », ils n'en demandent pas moins une bonne maîtrise de chaque instrument et des techniques d'aplat, afin d'éviter les esquisses floues et un résultat sans réelle signification esthétique. Les techniques mixtes deviennent particulièrement intéressantes et efficaces lorsqu'elles sont réalisées sur des supports granuleux et colorés, ou simplement foncés.

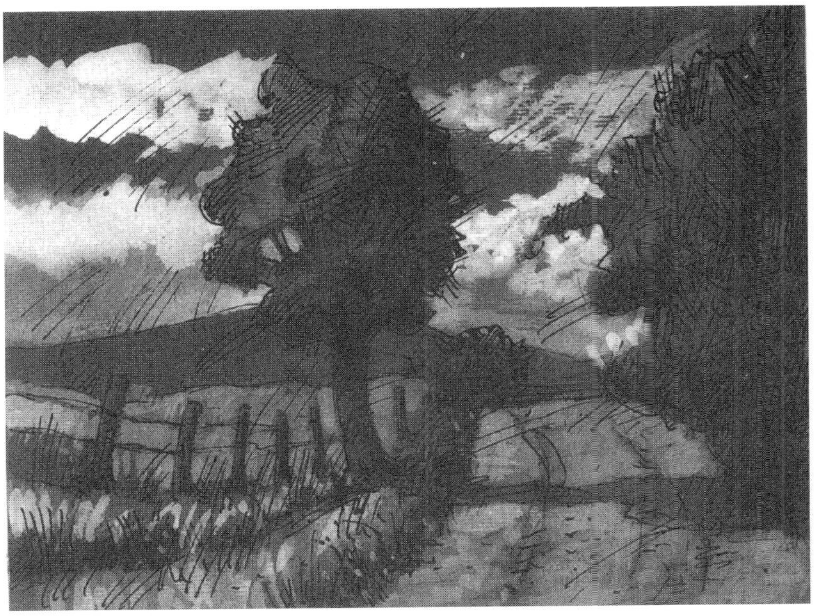

2 Quelques considérations pratiques

❒ Le choix du paysage peut se révéler moins facile qu'il n'y paraît. Il est rare, en effet, qu'un paysage s'offre à vous sous ses aspects les plus favorables, du moins pour l'intérêt purement esthétique. S'il s'agit d'étudier certains éléments isolés (comme les arbres, les nuages, les effets d'eau), un simple exercice en somme, il vous suffira alors d'observer avec attention les éléments en question. Si en revanche le dessin doit servir de base à un travail plus élaboré, une peinture par exemple, ou à trouver une signification esthétique autonome, ou encore à analyser les aspects complexes de la perspective et de la composition, il vous faudra alors choisir soigneusement votre sujet et l'observer pendant un certain temps avant de commencer à le dessiner. Cela est valable pour de simples esquisses, afin de bien fixer les éléments essentiels. Arrivé sur le lieu qui vous inspire, ne vous contentez pas de ce qui se présente à vous à première vue, mais déplacez-vous dans plusieurs directions, en marchant sans hâte, et regardez le panorama des différents points de vue (assis par terre, debout sur un muret, etc.). De chaque poste d'observation, tracez de petites et rapides esquisses des « masses », à savoir les masses claires et obscures qui composent la scène, sans vous préoccuper de la forme précise des éléments, mais en vous attachant à rendre les contrastes de tons, les dimensions relatives, les rapports de proportions. Évaluez ensuite, par rapport à la scène choisie, le format du dessin : vaut-il mieux un format horizontal ou vertical, etc. Organisez ensuite la composition : insérez ou excluez tel ou tel élément (voir pages 20, 22, 34), faites le choix d'une vue rapprochée et détaillée ou, à l'inverse, d'une vision panoramique et synthétique. Toute cette phase préparatoire dédiée à l'observation, aux déplacements, aux esquisses et aux divers choix de composition, n'est pas du temps perdu, bien au contraire. C'est ce qui permet de résoudre certaines questions de perspective, de composition et de révéler ou tout au moins d'accentuer chez l'artiste les sensations et émotions que fait naître en lui un certain paysage. Enfin, ce travail préparatoire est un bon antidote à l'angoisse de la feuille blanche, ce sentiment bien connu des créateurs de ne pas savoir par quel bout commencer.

❒ Les occasions de dessiner un paysage ne manquent jamais. On peut commencer pratiquement en bas de chez soi. Bien des artistes ont dessiné et peint ce qu'ils voyaient de la fenêtre de leur atelier, ou encore de celle de l'auberge où ils étaient descendus en voyage. Toutefois, la recherche de sujets adaptés et inspirants fait partie du plaisir du dessinateur. Il vous arrivera de saisir des instants de « beauté » ou simplement d'inspiration en regardant par la fenêtre d'un train ou d'un autobus (quelqu'un a bien peint plusieurs tableaux d'après des vues d'avion !), mais, le plus souvent, c'est à pied, à bicyclette ou en voiture que vous partirez en exploration. Le vrai dessinateur de paysages est celui qui travaille en plein air. Soyez tout de même prudent quand vous vous arrêtez subitement, après avoir trouvé le coin idéal, même si vous roulez sur des routes peu empruntées ! S'il pleut, vous pouvez toujours dessiner en restant à l'intérieur de votre voiture. Sinon, un siège pliant suffit, quelques crayons à pointe grasse (ou d'autres outils que vous aurez choisis) et un carnet à dessin de bonne qualité. Si vous n'avez pas de carnet à dessin, vous pouvez fixer des feuilles libres sur un carton à l'aide de pinces ou de ruban adhésif. Il n'est pas conseillé d'utiliser des feuilles de trop grandes dimensions. Celles de 30 sur 40 cm suffisent ou, idéalement, des feuilles de 35 sur 45 cm, aux dimensions pratiques pour faciliter certains travaux de perspective (voir page 8). Vous éviterez ainsi de vous disperser.
Enfin, pour protéger vos dessins au crayon ou au fusain de tout éventuel frottement de la main, vous devrez, tandis que vous dessinez, mettre un papier de soie sur les parties déjà exécutées. Une fois les dessins terminés, vous les vaporiserez d'une couche de fixatif.

❒ Quand on dessine en plein air, il faut se préparer à affronter certaines situations désagréables ou légèrement « embarrassantes ». Un premier problème se présente, d'ordre psychologique, qui est le regard d'autrui. Il vous faudra en effet surmonter une certaine gêne quand vous vous retrouverez à travailler sous le regard de curieux ou d'enfants par trop envahissants. Ce genre de situation, néanmoins, peut aussi donner lieu à des rencontres intéressantes. Ensuite vient le problème des conditions climatiques. Ne négligez pas les vêtements de pluie et autres pardessus de saison, partez confortablement chaussé ; enfin, en été, prenez un chapeau voire, un parasol (de couleur neutre) si vous souhaitez travailler à l'ombre. Emportez une besace contenant, outre le matériel de dessin, une bouteille d'eau, un ou plusieurs chiffons pour vous nettoyer les mains, et, enfin, une collation pour vous restaurer en milieu de journée.

❒ Pour faire un bon travail, il faut des crayons toujours parfaitement taillés. Utilisez de préférence une lame plutôt qu'un taille-crayon. Pour faire de larges traits, il vous suffira d'incliner le crayon sur la feuille et d'utiliser l'un des côtés de la mine. Pour tailler les graphites, qui sont des mines sans enveloppe, on les frotte et on les roule sur un morceau de papier abrasif. Les micromines et les fusains n'ont pas besoin d'être taillés. L'encre de Chine devient visqueuse quand son récipient est laissé ouvert pendant trop longtemps. Il faut donc, de temps à autre, y ajouter une goutte d'eau pour la liquéfier. Pour les mêmes raisons, il faut nettoyer fréquemment les pinceaux avec un chiffon. Enfin, sachez que les pinceaux glissent mieux si le papier utilisé est lisse.

❒ Ne restez pas trop longtemps concentré sur un dessin. Interrompez votre travail de temps en temps, distrayez-vous un peu et observez ce que vous avez dessiné de loin. Il peut être amusant, et même tout à fait payant, de s'associer avec des « collègues de dessin » intéressés comme vous par le paysage et de partir ainsi, à plusieurs, dessiner en plein air. Dans ces cas-là, chaque artiste poursuit ses propres objectifs et reste fidèle à son style, mais travailler ensemble sur un même sujet et dans les mêmes conditions, avec diverses techniques et différents points de vue, donne souvent lieu à d'intéressantes confrontations ainsi qu'à de riches échanges d'opinions. En effet, c'est aussi à partir de l'expérience des autres, en plus de la sienne, que l'on apprend et que l'on progresse.

❒ N'utilisez jamais de gomme. Si un signe ou un trait n'est pas parfaitement réussi, ne l'enlevez pas mais tracez-en un autre qui le corrige, éventuellement un troisième, afin d'obtenir, au final, le résultat escompté. En gommant les lignes imparfaites, vous vous privez de points de comparaison sur lesquels apporter des modifications, et cela revient à refaire un nouveau trait. Vous n'avez donc plus l'opportunité d'« utiliser » l'imperfection comme base à modifier. Au final, vous repasserez d'un tracé plus gros sur les traits valables, et seulement alors pourrez-vous annuler ceux qui ne conviennent pas.

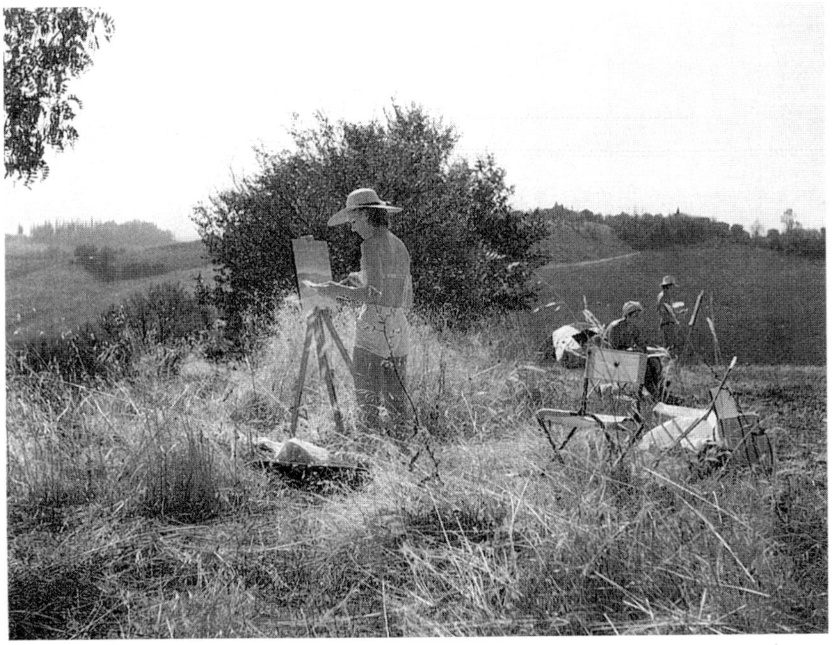

3 La perspective linéaire

La perspective est une méthode graphique pour représenter, sur une superficie plane, la profondeur de l'espace. Ce chapitre présente les principes géométriques fondamentaux de perspective linéaire, c'est-à-dire la façon de représenter le sens de fuite spatiale moyennant une diminution de la taille des éléments visuels. En suivant ces principes, assez simples, l'artiste peut corriger ou mieux comprendre la perspective « intuitive » perçue naturellement par l'œil.

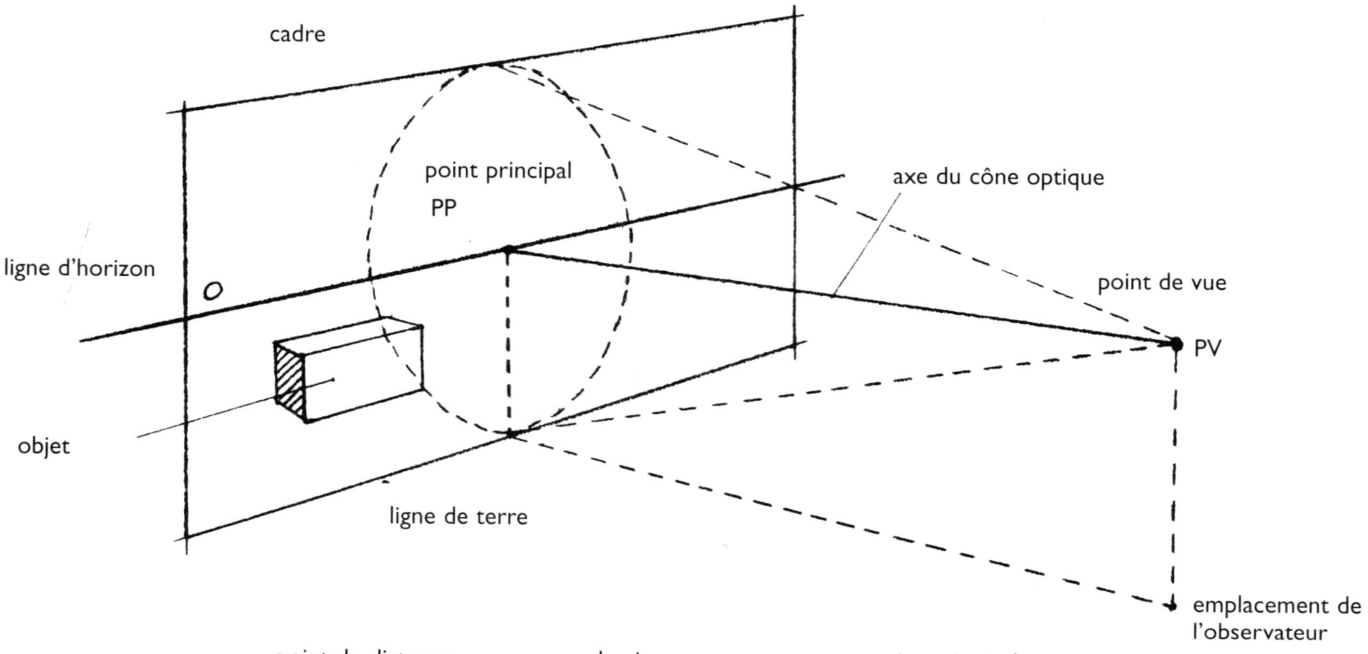

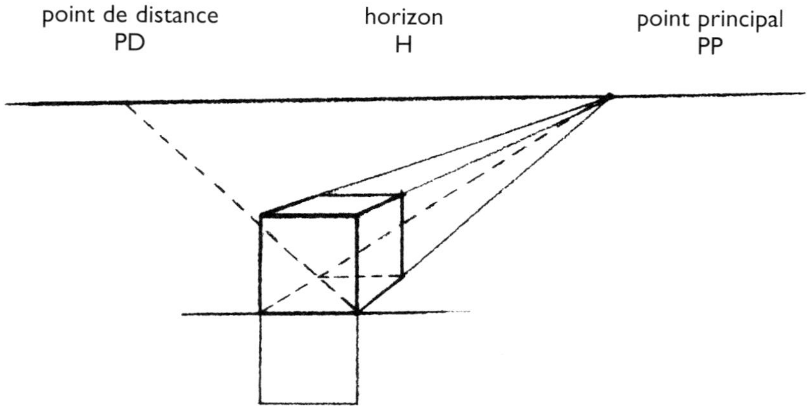

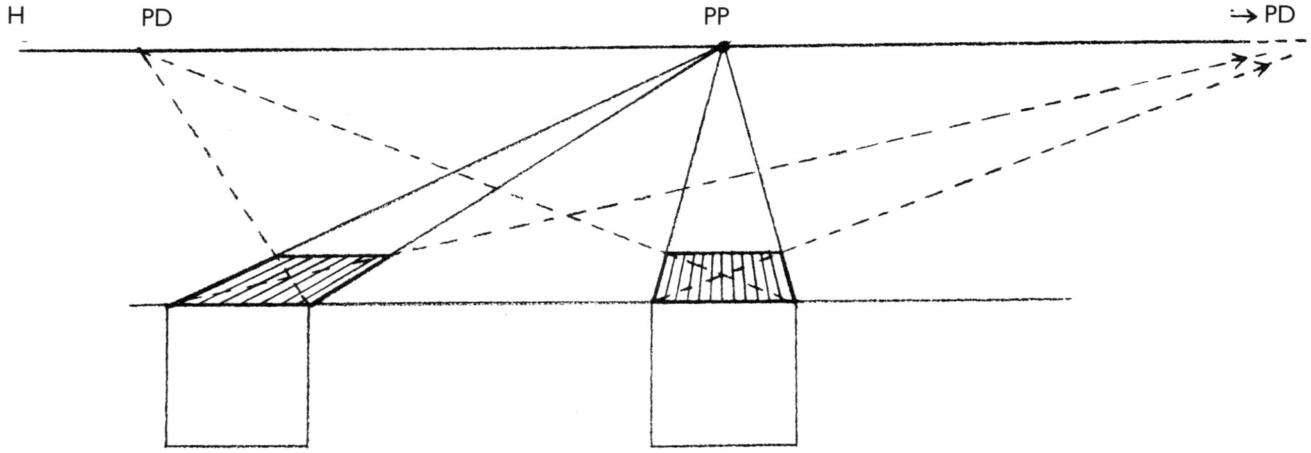

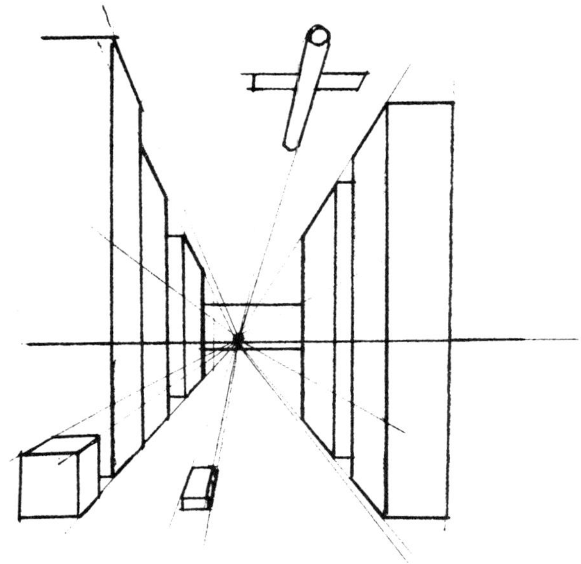

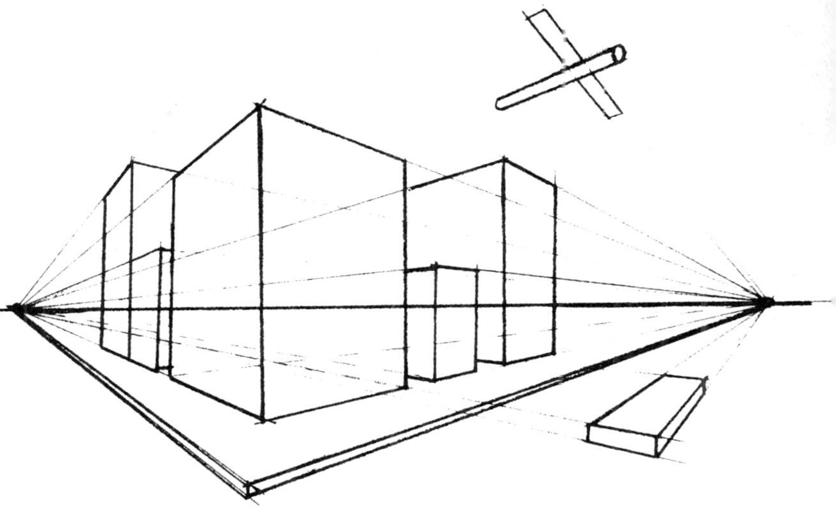

La perspective linéaire frontale (ou parallèle) se fonde sur le principe de la convergence en un seul point du plan (la superficie de la feuille sur laquelle on dessine) des lignes parallèles non verticales orientées au loin. La ligne d'horizon correspond toujours à la hauteur de l'œil de l'observateur et est déterminée par le point de vue, c'est-à-dire par la position d'où l'on regarde l'objet ou le paysage.

La perspective linéaire angulaire (ou accidentelle) considère, en revanche, deux points de fuite situés vers les extrémités de la ligne d'horizon. Les objets (représentés ici sous la forme de simples volumes géométriques) sont perçus par leur surface d'angle. C'est pourquoi les lignes verticales restent telles quelles, leur hauteur seule diminuant au fur et à mesure que l'on se rapproche de l'horizon jusqu'à sembler se fondre dans la profondeur, tandis que les lignes horizontales convergent vers l'un des deux points de fuite latéraux, montrant ainsi les objets « en raccourci ».

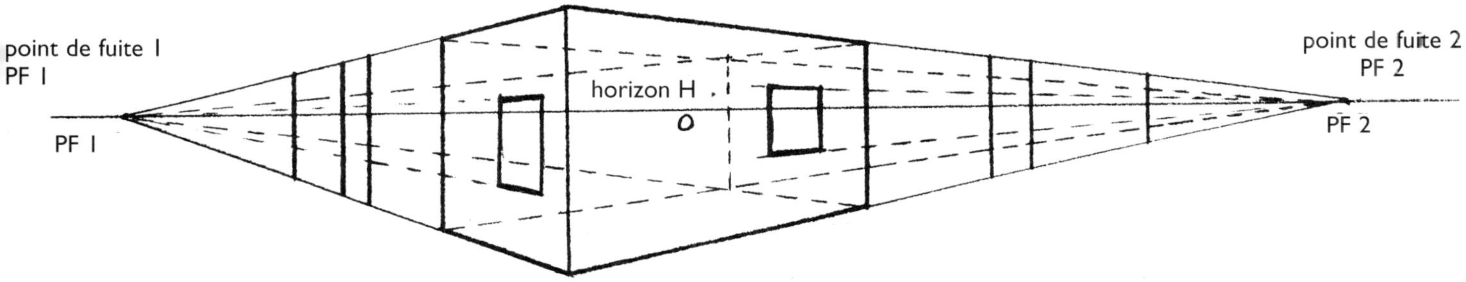

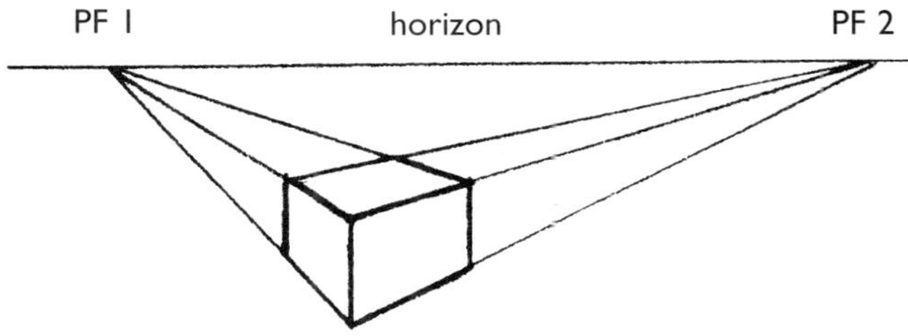

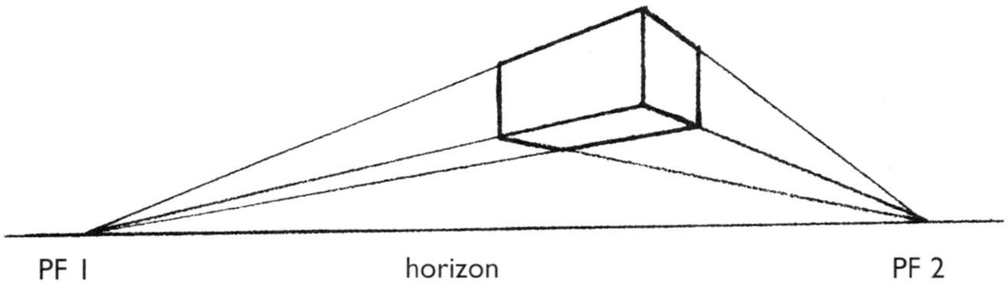

Le croquis ci-contre fait apparaître les éléments fondamentaux qu'il faut évaluer quand on dessine un paysage. Si vous placez votre feuille de papier à la verticale, il vous sera plus facile de tracer la ligne d'horizon en la comparant avec la réalité, et, ainsi, de trouver le point de fuite. Avant de dessiner votre paysage, en particulier si vous devez représenter des structures architectoniques, faites un petit croquis de perspective. Vous pourrez ainsi vérifier, et éventuellement corriger, la perception intuitive. Rappelez-vous toutefois que la perspective est une « convention » et qu'elle ne doit donc pas être appliquée de manière trop rigide, mais être subordonnée à des valeurs esthétiques.

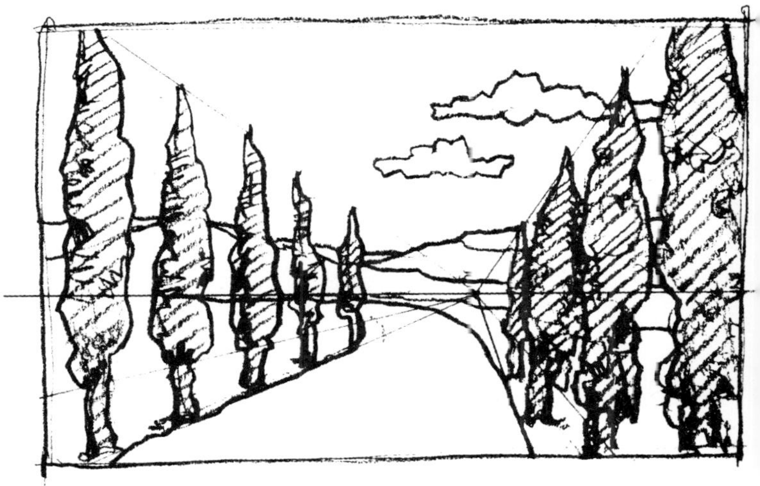

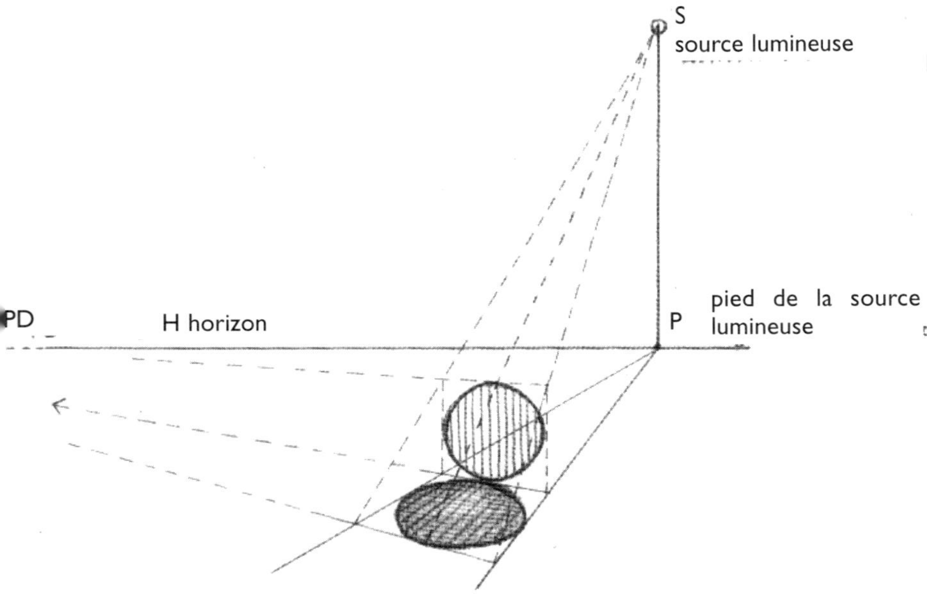

Les ombres portées, c'est-à-dire celles que les corps projettent sur des plans ou d'autres objets voisins par l'effet de la lumière qui les éclaire, suivent les mêmes principes que la perspective linéaire. Il suffit d'ajouter le point correspondant à la source lumineuse (dans le paysage, le soleil) et, en traçant la perpendiculaire, d'en reporter le « pied » sur l'horizon.

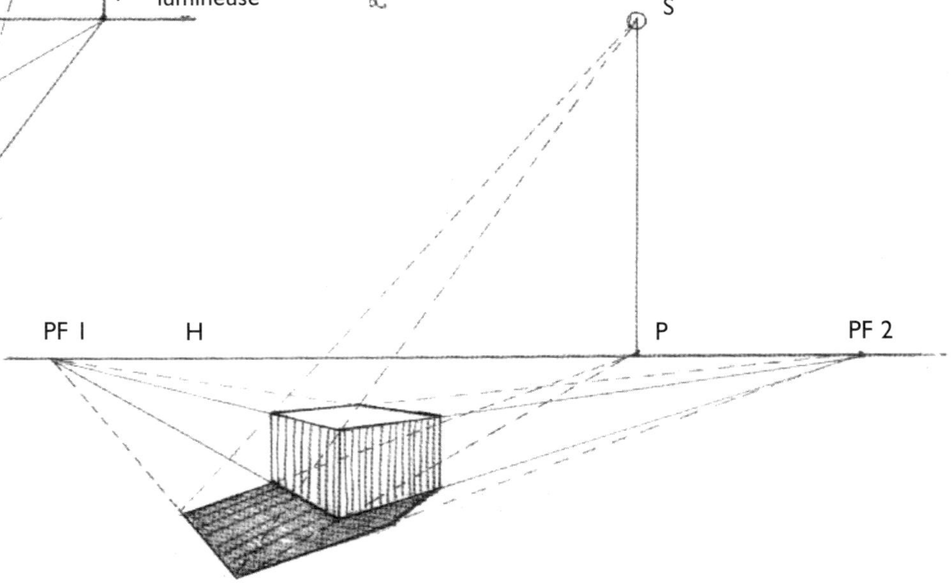

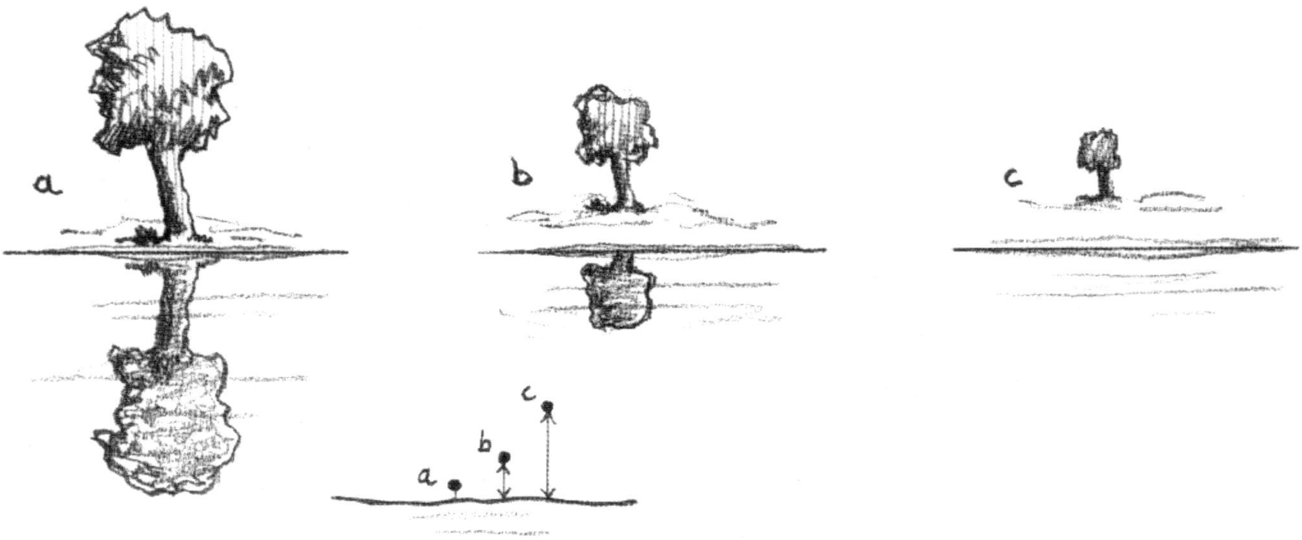

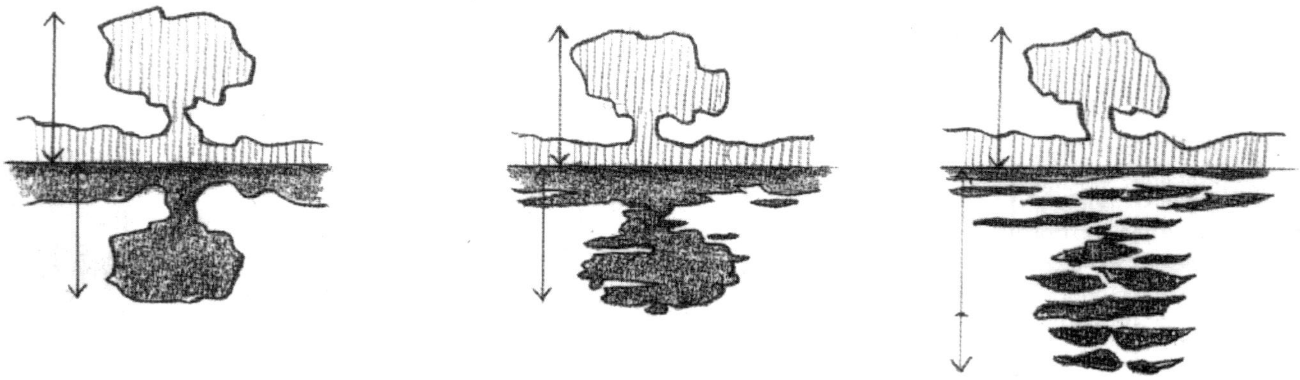

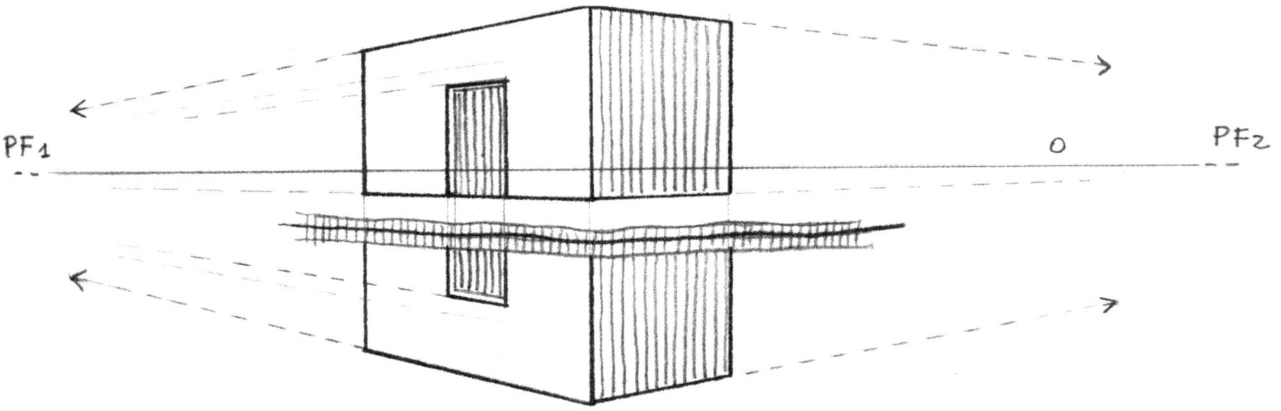

L'eau reflète les objets situés en surface et leurs contours peuvent se délimiter suivant des règles de perspective, en considérant que la surface liquide est toujours horizontale. Une observation attentive de la réalité est toutefois nécessaire, car les images reflétées se présentent de diverses façons selon les circonstances : de quasi spéculaires quand l'eau est complètement plate, elles deviennent fragmentées dès que la surface de l'eau se ride, et vont jusqu'à disparaître totalement quand l'eau est agitée. Les précédents croquis montrent ces phénomènes ainsi que les effets dus à la distance qui sépare l'objet du bassin.

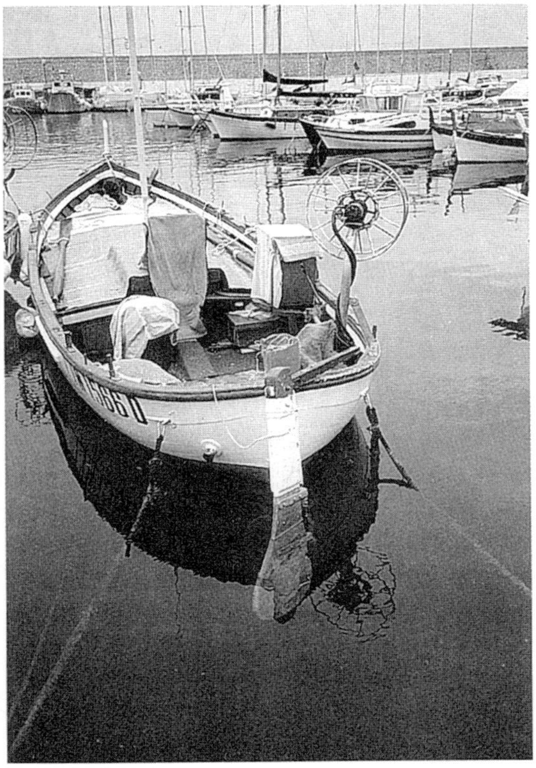

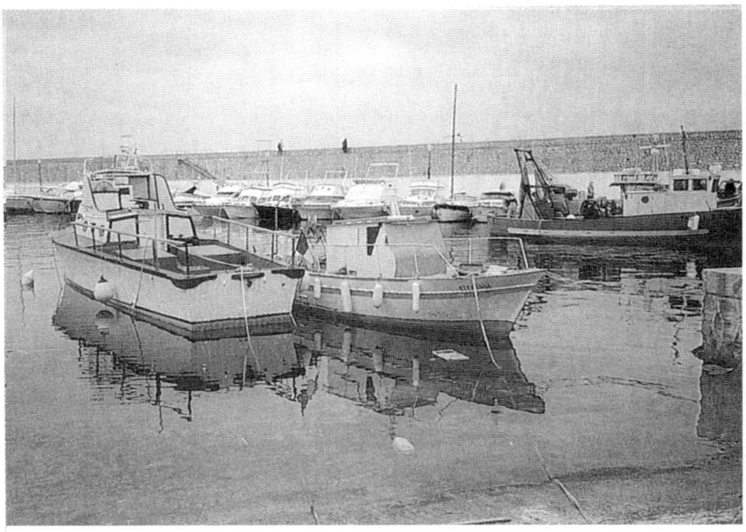

Les photographies que vous voyez ci-contre peuvent vous aider à étudier les reflets dans certaines situations. Prenez une feuille de papier transparent (du calque par exemple), mettez-le sur la photographie, puis tracez les contours des barques et leurs reflets dans l'eau. Ces exercices vous aideront beaucoup, surtout si vous vous vous appliquez à retracer les ondulations et fragmentations les plus significatives, en omettant volontairement les petits détails superflus.

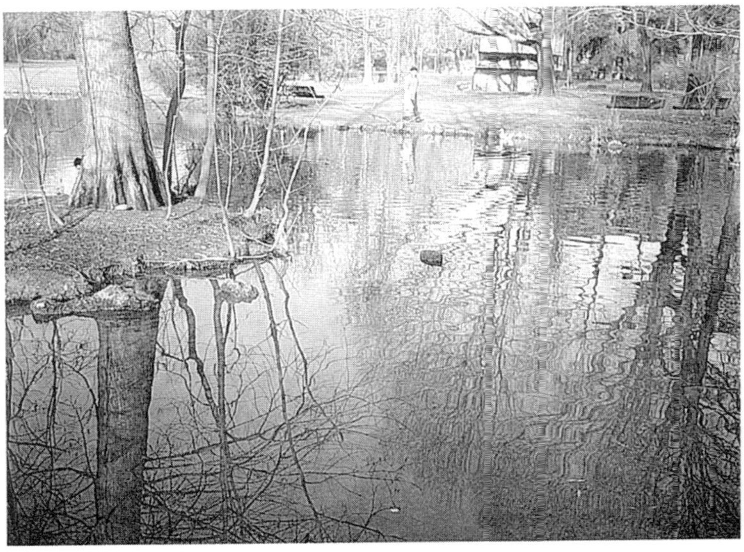

Il peut être utile, surtout à vos débuts dans la pratique du dessin de paysage, de vous aider de photographies où vous vous entraînerez à reconnaître et à tracer les principaux éléments de perspective : la ligne d'horizon, les points de fuite et la convergence des lignes visuelles vers ceux-ci. Si possible, faites vous-même vos photos, puis comparez, ensuite, l'analyse perspective de tel cliché avec le sujet grandeur nature, en observant de l'endroit même d'où la vue a été prise.

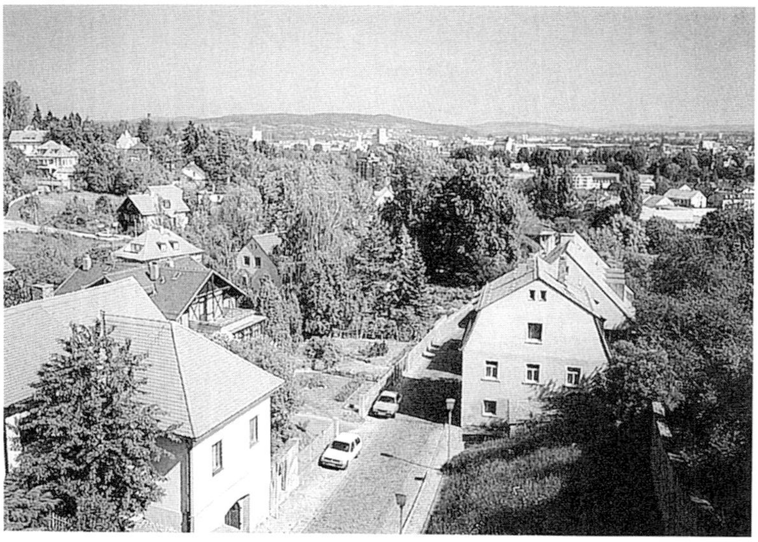

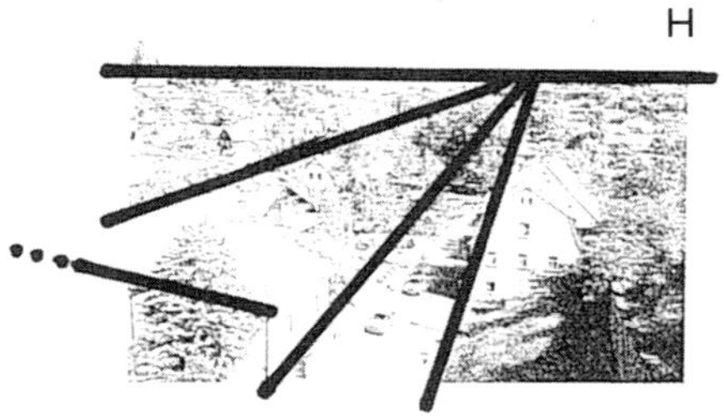

• Vue d'en haut : l'horizon est situé dans la partie supérieure du dessin.

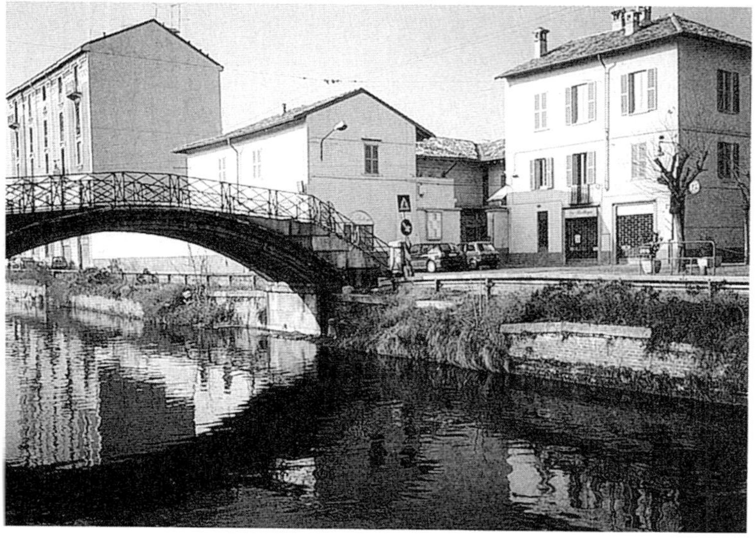

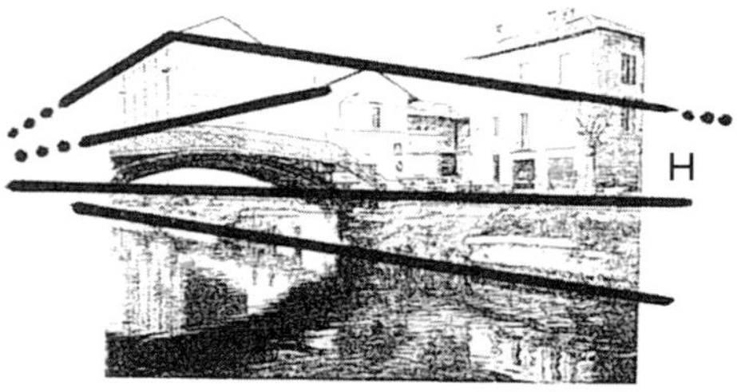

• Horizon et hauteur moyenne. Les points de fuite latéraux sont placés hors du cadre de la feuille.

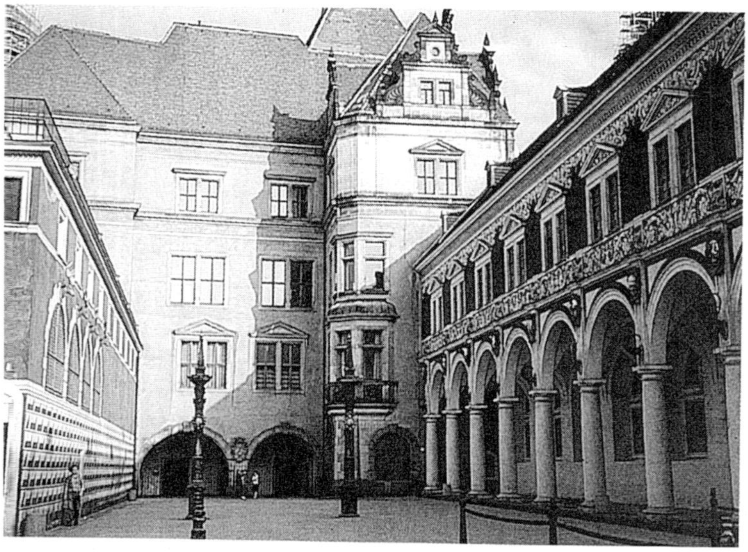

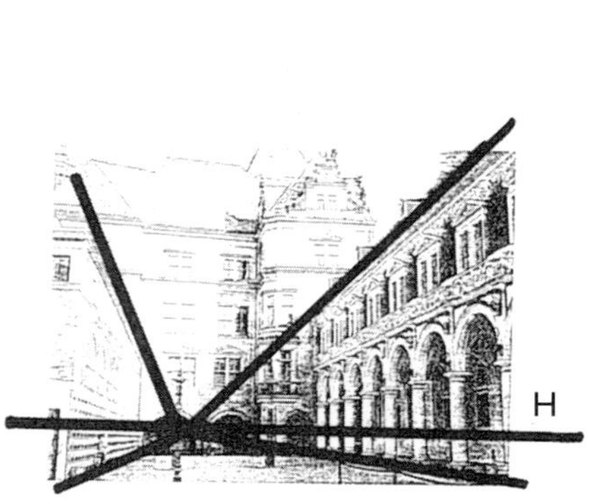

Perspective frontale.

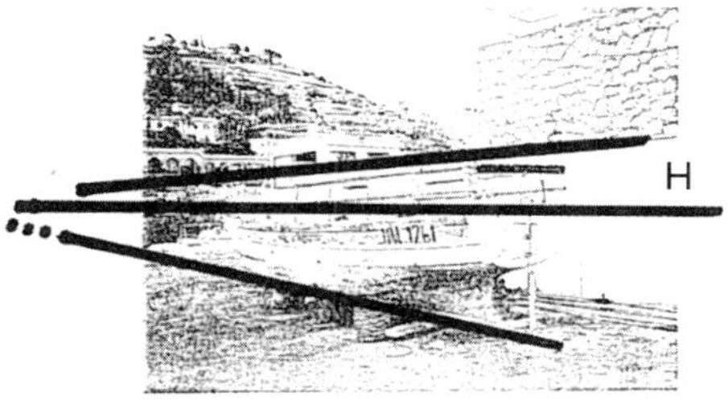

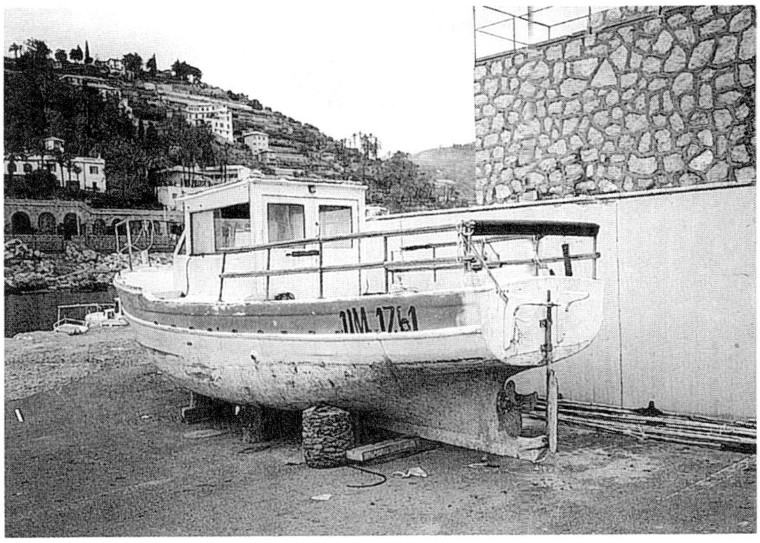

L'objectif photographique peut fausser la perspective des objets. Une comparaison attentive avec le paysage d'origine permet d'y apporter les corrections nécessaires.

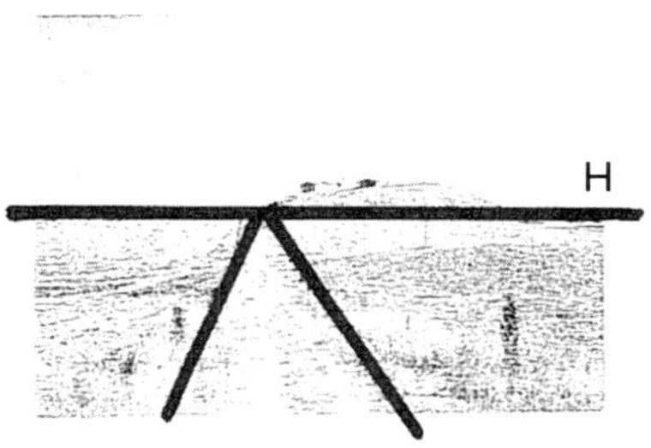

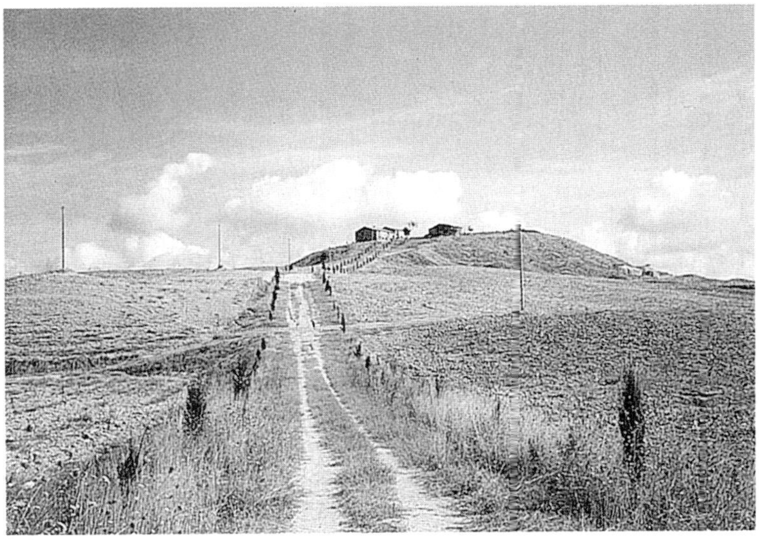

Perspective frontale.

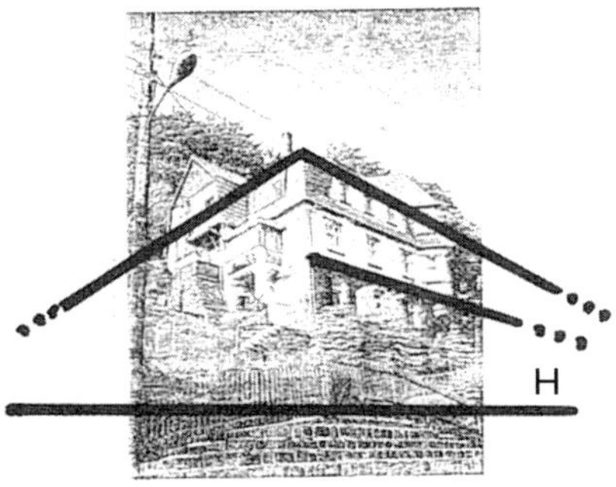

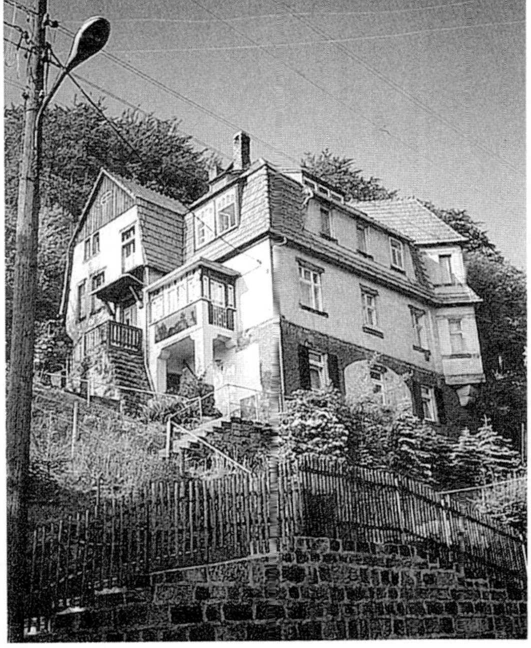

Vue d'en bas : l'horizon est situé dans la partie inférieure du dessin.

4 La perspective aérienne

La perspective linéaire ne suffit pas à rendre une fidèle représentation de l'espace dans le paysage. En effet, si les éléments semblent diminués en taille, surtout dans le cas de vues lointaines, ils perdent aussi en netteté de contour et changent de couleurs. Cela est dû à l'effet de l'air, des poussières atmosphériques, des vapeurs s'interposant entre l'observateur et les éléments observés. La perspective tonale, ou aérienne, considère ces effets et se fonde sur le principe que les éléments du paysage, au fur et à mesure qu'ils disparaissent au loin, vers des plans éloignés et proches de l'horizon, paraissent graduellement plus clairs, indistincts et comme « voilés » par rapport aux éléments du premier plan. Les dessins ci-après illustrent bien ce principe. Il faut savoir que l'effet de profondeur, de fuite dans l'espace, peut être obtenu dans le dessin soit par dégradé de tons, soit au moyen de la juxtaposition partielle des objets ou des éléments du paysage.

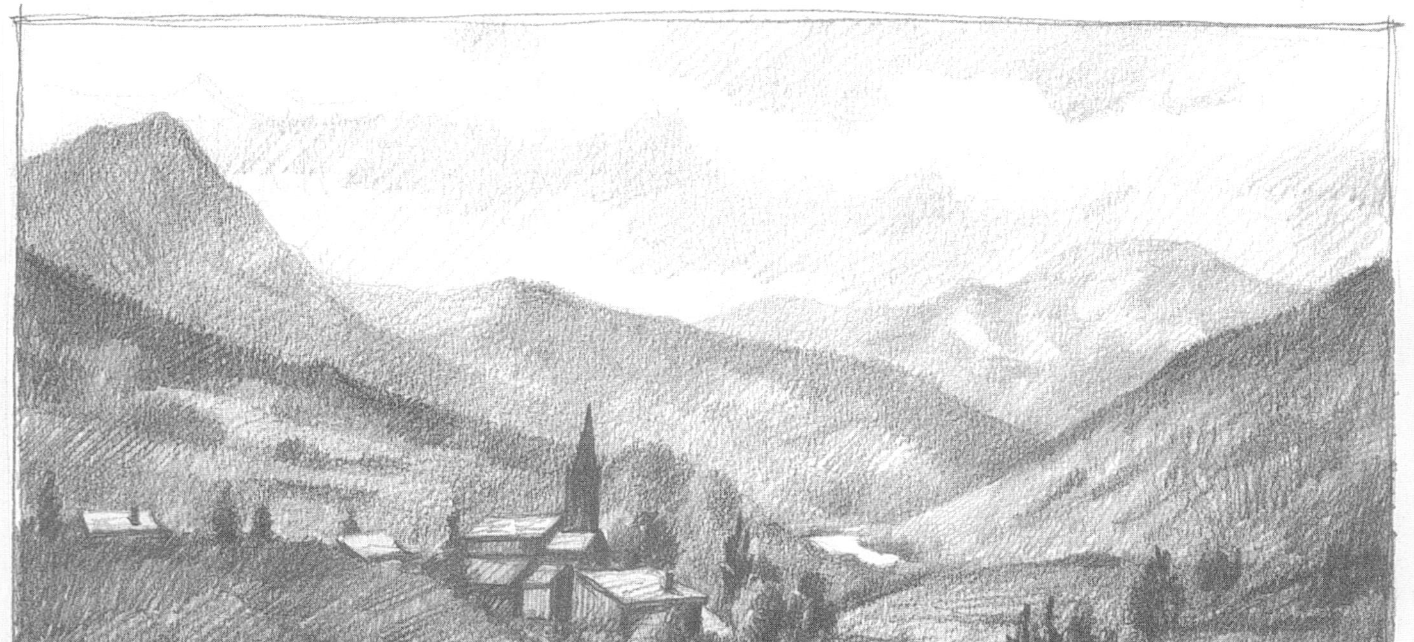

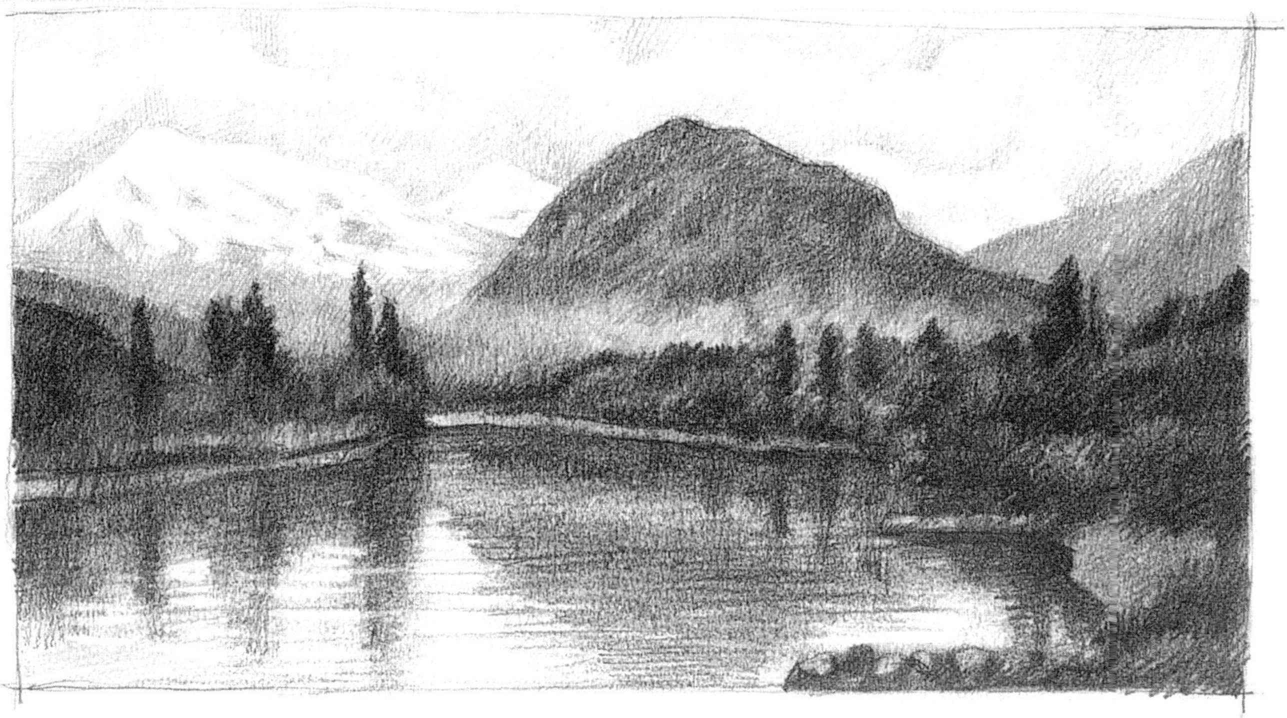

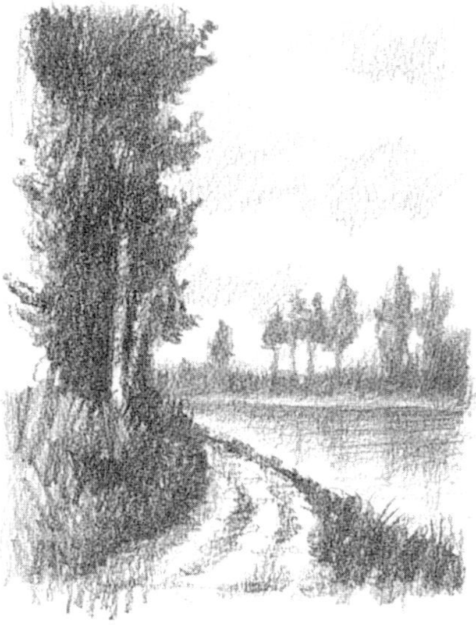

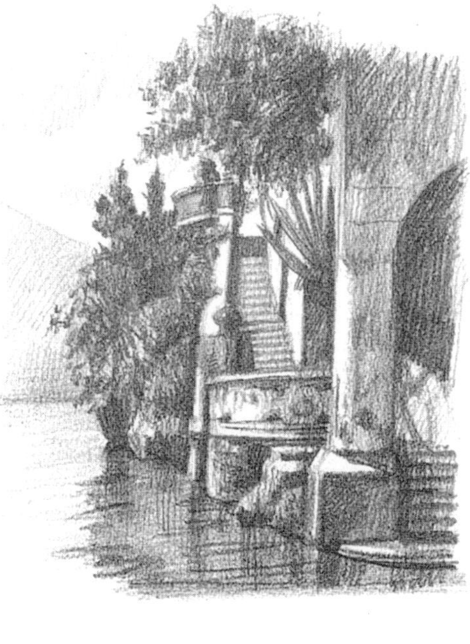

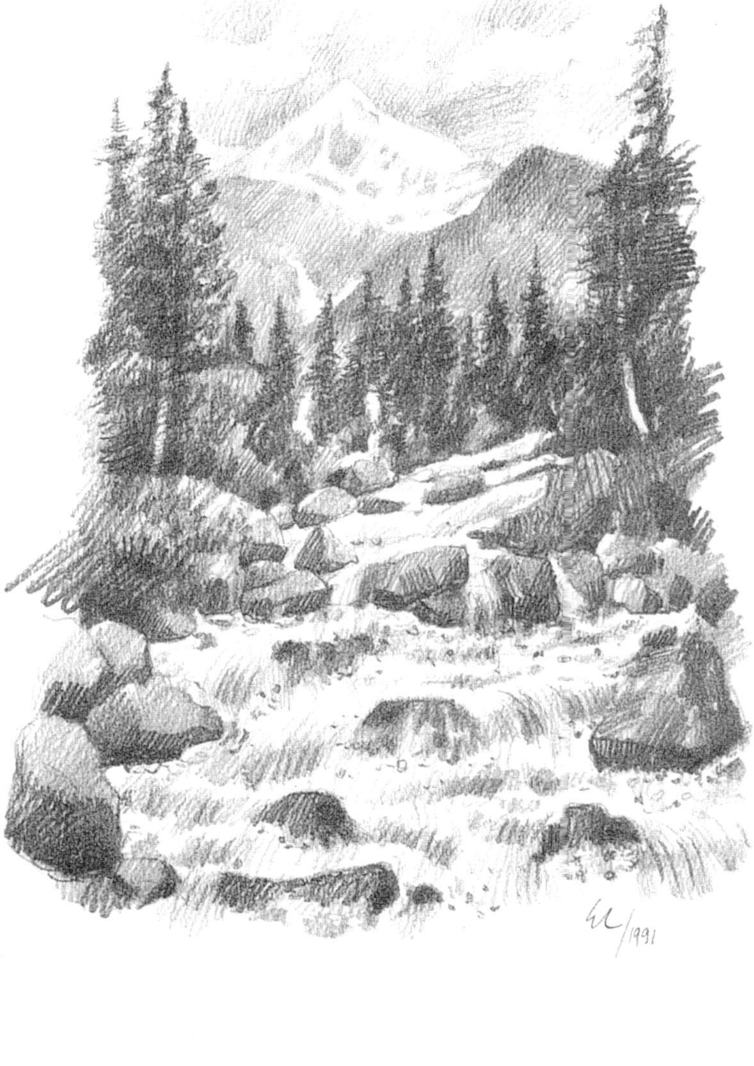

Dans la nature ou, si cela vous est impossible, sur vos photos (de préférence en noir et blanc), ou encore sur celles de ce livre, cherchez des paysages similaires à ceux-ci. Étudiez-en attentivement les tonalités, les gris plus ou moins intenses en divers endroits de l'image et simplifiez-les. Pour cela, choisissez juste trois ou quatre tons différents compris entre le noir et le blanc (de la feuille). Utilisez une mine grasse et modulez l'intensité du gris en appuyant plus ou moins sur la mine. Très conseillé également est l'exercice suivant : superposez à la photographie une feuille de papier transparent et reproduisez les zones qui vous semblent avoir la même intensité de ton. Vous vous rendrez vite compte que l'exercice n'est pas si simple qu'il y paraît, mais c'est en vous exerçant et en observant que vous affinerez, petit à petit, votre perception, pour être capable, au final, de choisir de manière appropriée et sûre les tonalités de vos prochains dessins.

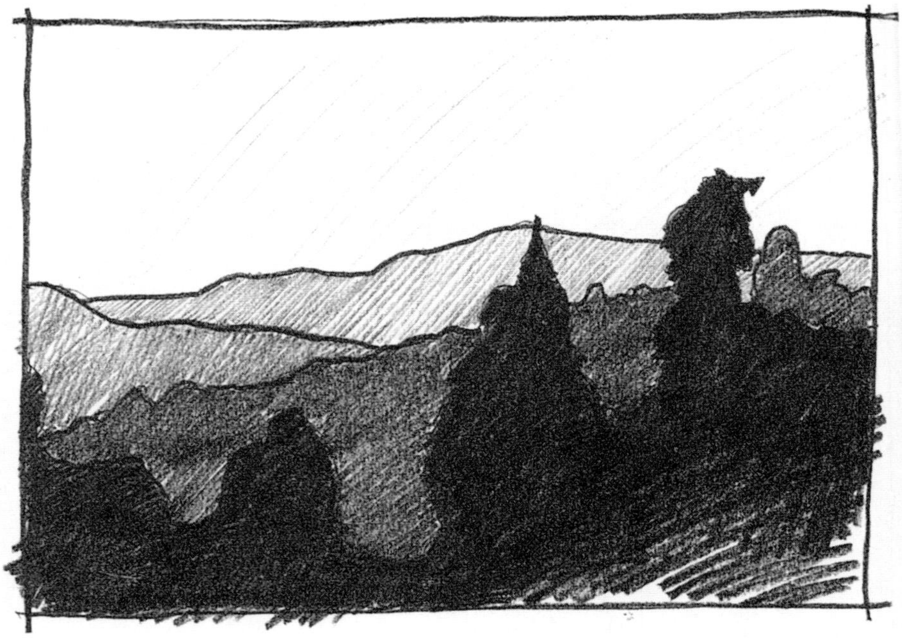

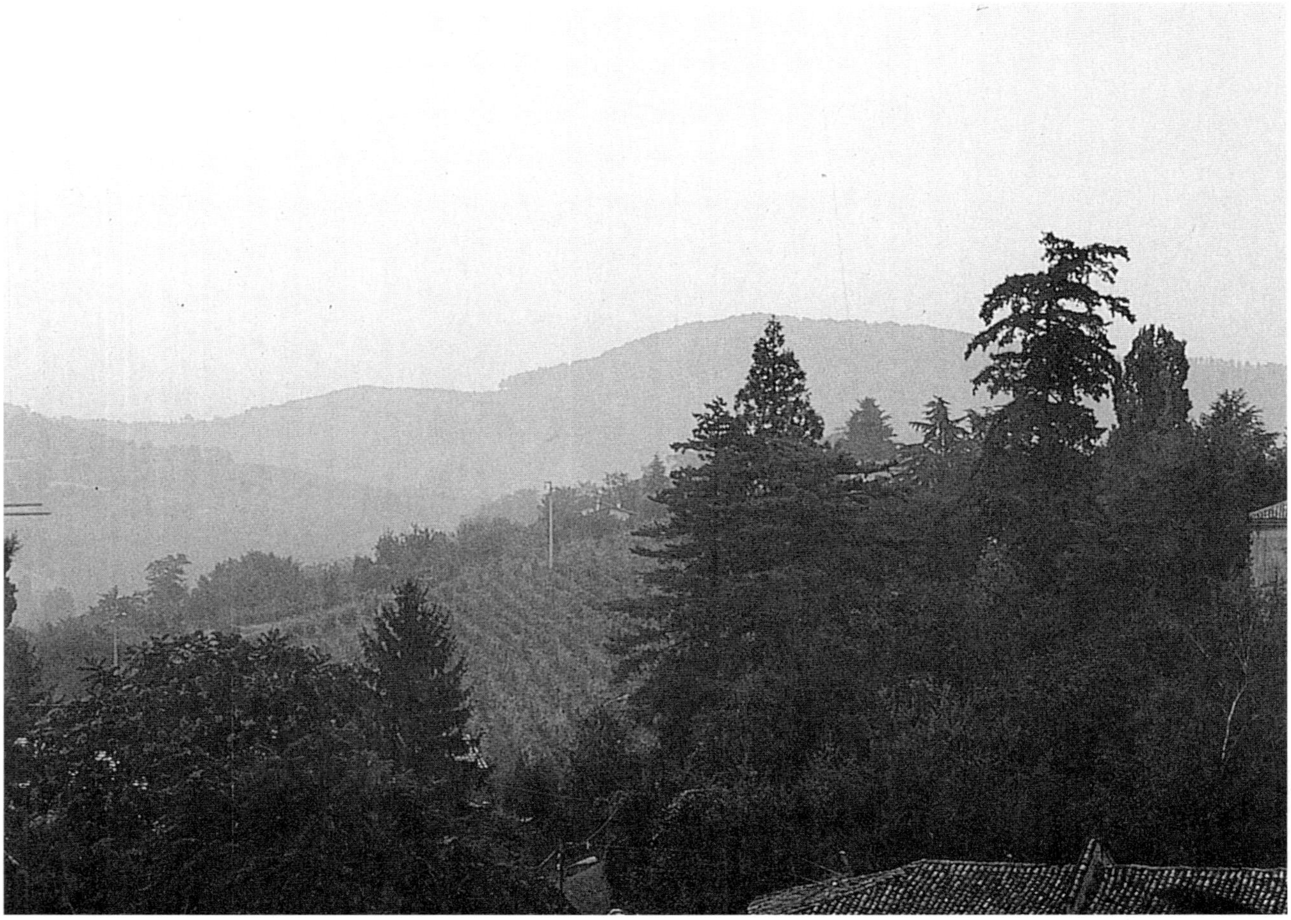

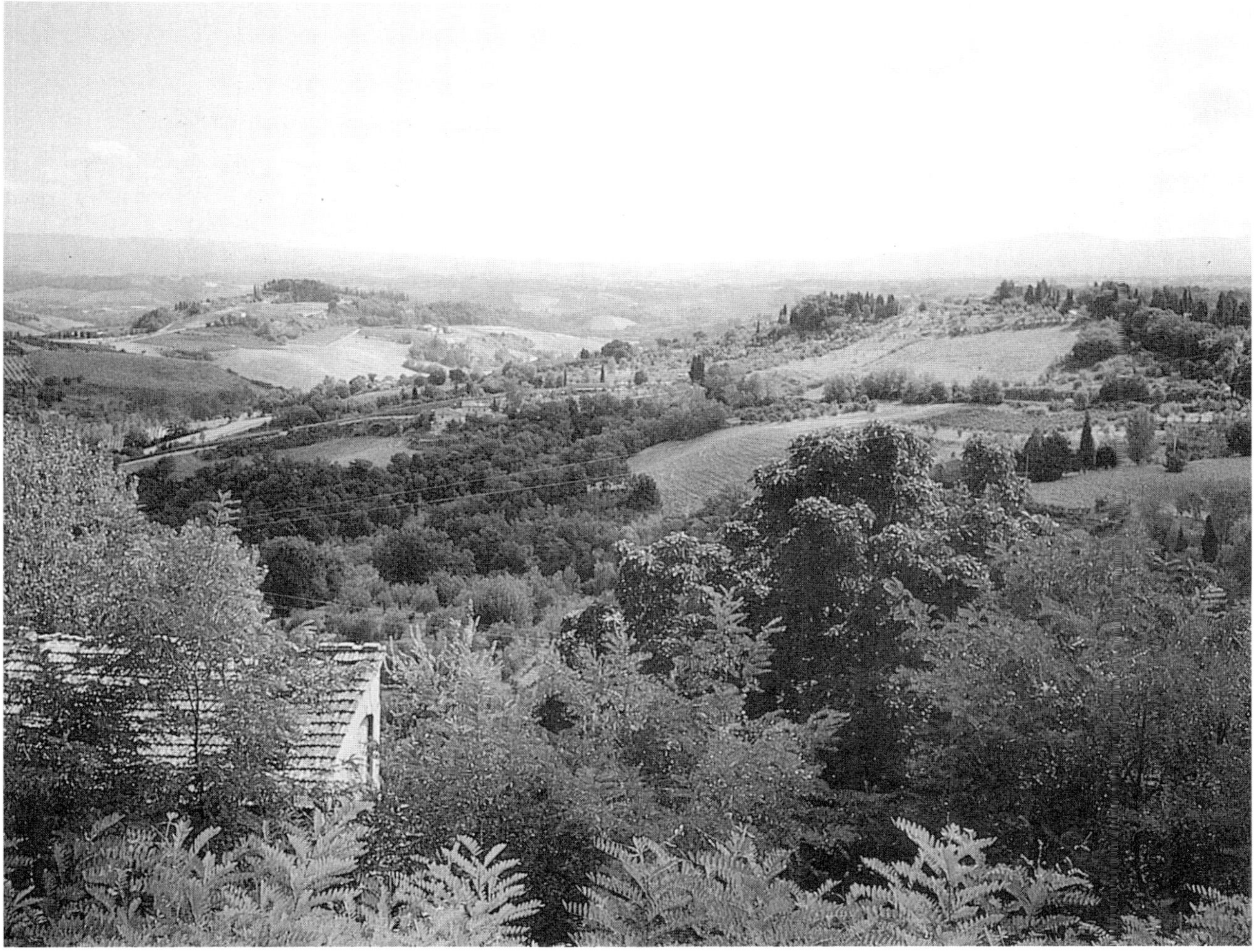

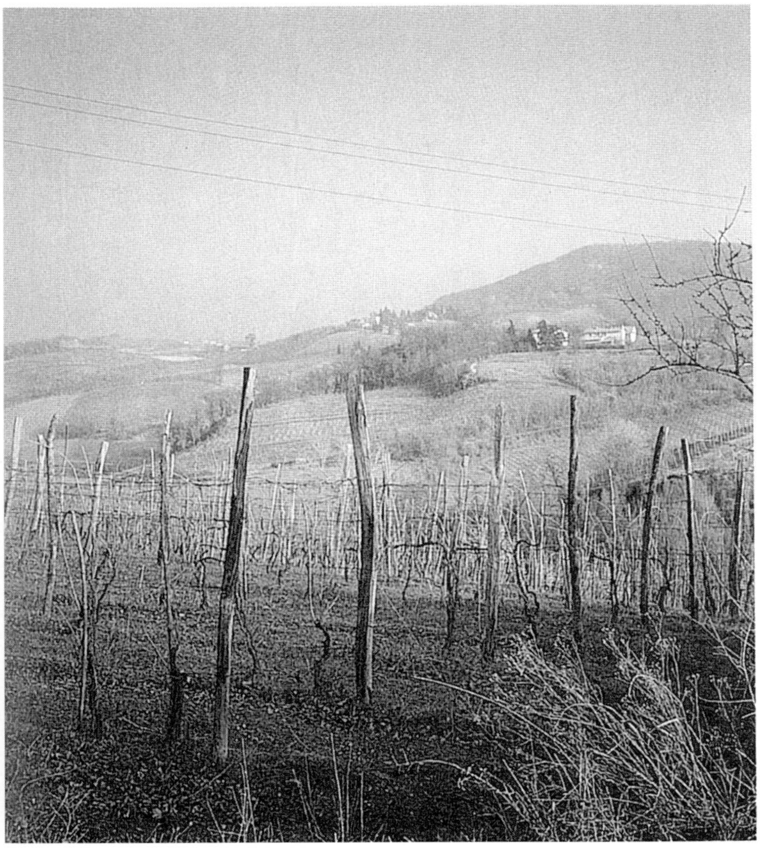

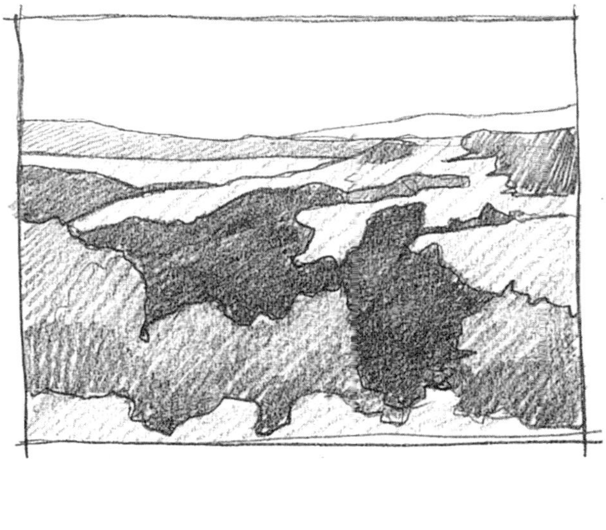

5 Structure de la composition d'un paysage

Pour l'art pictural, la composition se résume au choix et à la disposition des éléments expressifs devant être représentés, avec les rapports de ces éléments à une superficie, c'est-à-dire le support du dessin. La composition dépend, dans une large mesure, de l'intuition et de l'éducation « visuelle » de l'artiste. Elle n'est soumise à aucune règle fixe ou contraignante. L'on peut toutefois déduire, en observant les œuvres d'art ou quelques recherches expérimentales, certains principes et tendances et se diriger vers ceux ou celles qui répondent au mieux à ses propres exigences d'harmonie et de perception de l'environnement. Les croquis ci-dessous suggèrent des possibilités de recherche de composition, comprenant des éléments non figuratifs, et résument quelques principes fondamentaux : principes d'unité, de contraste, d'équilibre, de convergence, de dispersion, etc. En bas sont représentés quelques rythmes linéaires : horizontaux, verticaux, ondulatoires. Exercez-vous à faire des croquis similaires à ceux-ci et cherchez l'effet émotionnel qui en ressort comme, par exemple, une sensation de calme, d'équilibre, de tension, de densité ou au contraire de dispersion, etc. Page suivante, j'ai indiqué, pour quelques situations typiques de composition du paysage, une solution préférable à adopter si l'on veut obtenir de meilleurs effets esthétiques. Rappelez-vous, encore une fois, qu'il ne s'agit ici que de suggestions, en aucun cas de règles.

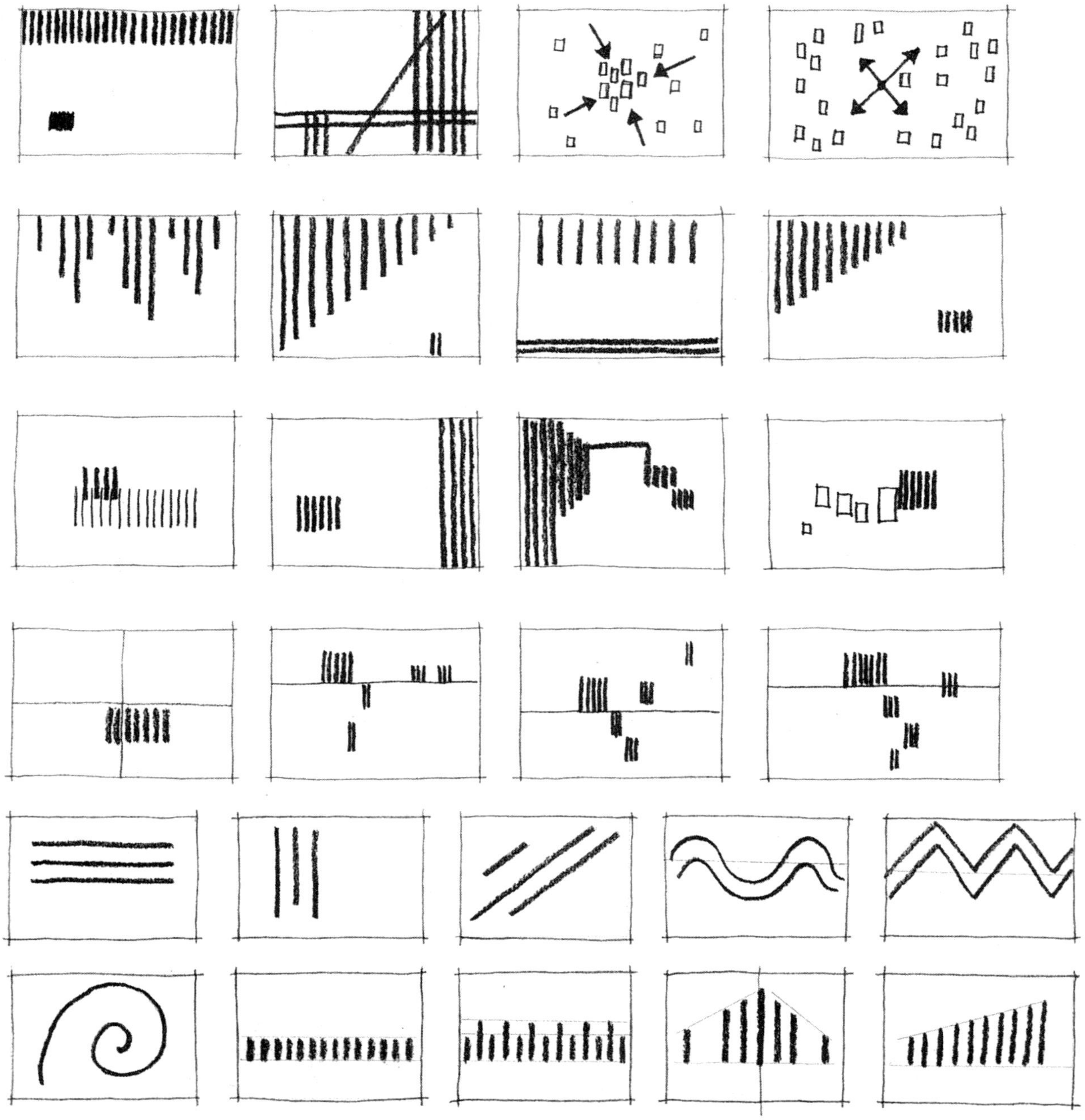

• Évitez de placer le sujet principal exactement au centre du dessin.

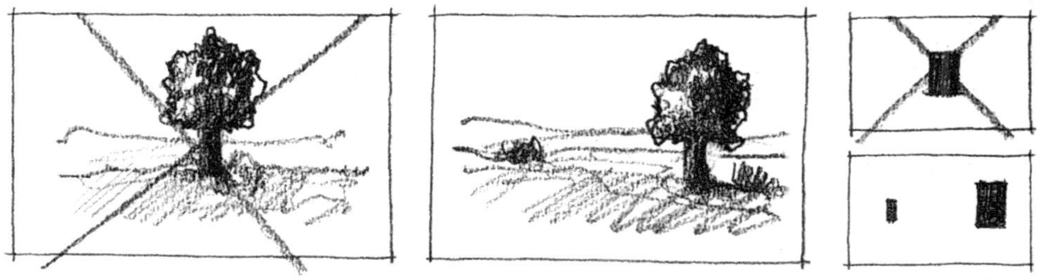

• Évitez que l'horizon ne divise le dessin en deux parties égales.

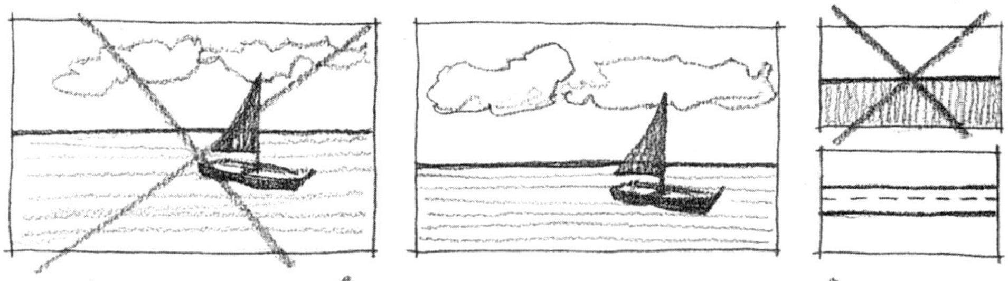

• Autant que possible, ne séparez pas l'image en deux parties égales contrastantes (blanc/noir, plein/vide, etc.).

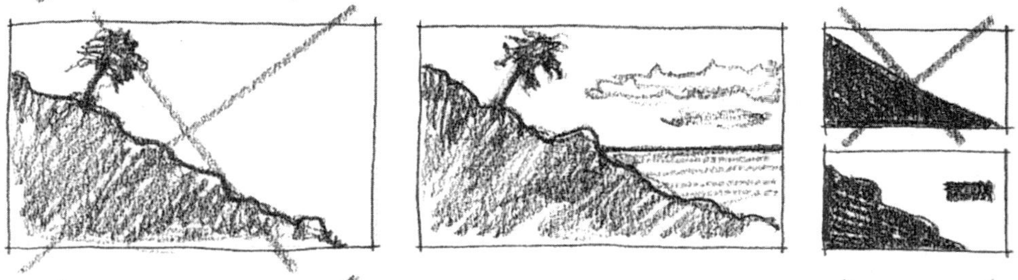

• Laissez un peu d'espace autour du sujet.

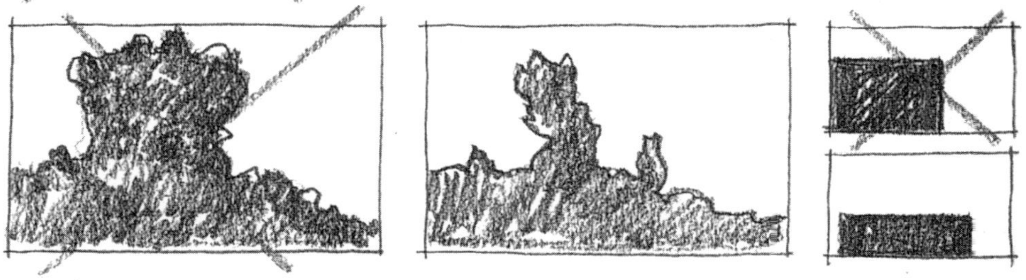

• Évitez de produire une image divisée en deux par une symétrie rigoureuse.

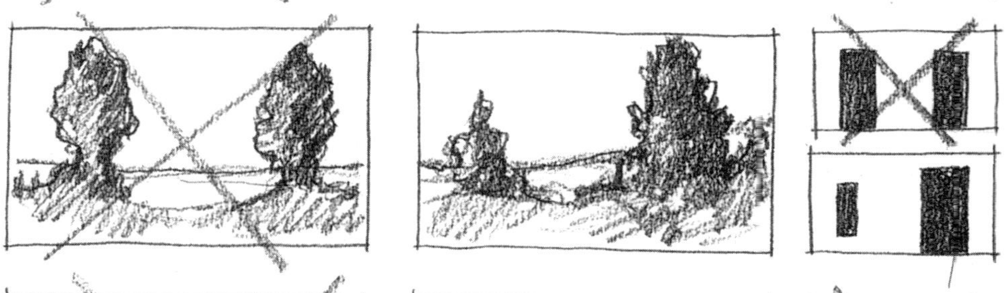

• Rompez la monotonie des lignes horizontales en introduisant des motifs verticaux.

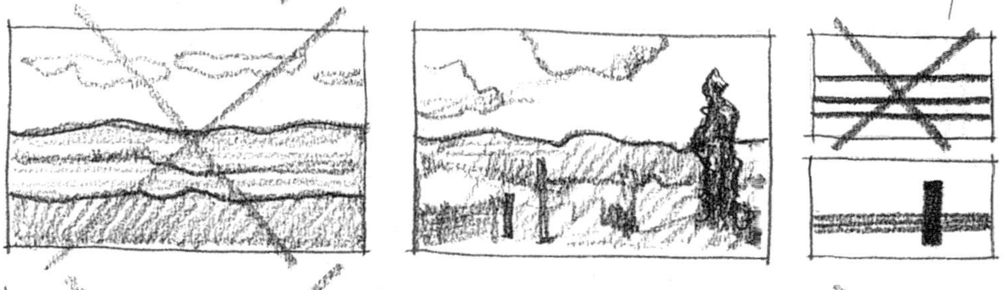

• Dans le paysage, évitez les lignes convergentes au centre du dessin.

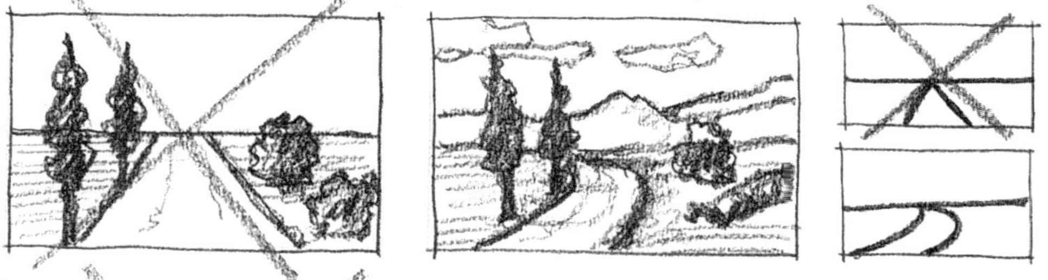

• Faites en sorte que les « lignes d'intérêt » conduisent le regard de l'observateur à l'intérieur du dessin, plutôt que de le diriger vers les bords extérieurs.

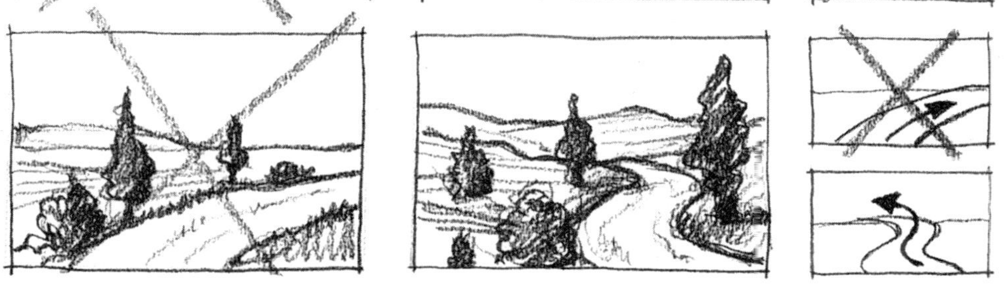

6 Le choix de la composition

Si l'on s'astreint à dessiner un paysage d'après nature, la nécessité de choisir une composition s'impose, et donc, l'application des considérations indiquées au chapitre précédent. Plus précisément, dans un paysage, composer revient à évaluer les différents points de vue possibles dans le but d'appréhender le paysage sous de multiples aspects pour, ensuite, le représenter de la façon paraissant la plus adéquate et favorable à la sensibilité du créateur. Ci-dessous sont reproduites des esquisses préliminaires avec, en face, le point de vue choisi, au final, pour une étude plus approfondie.

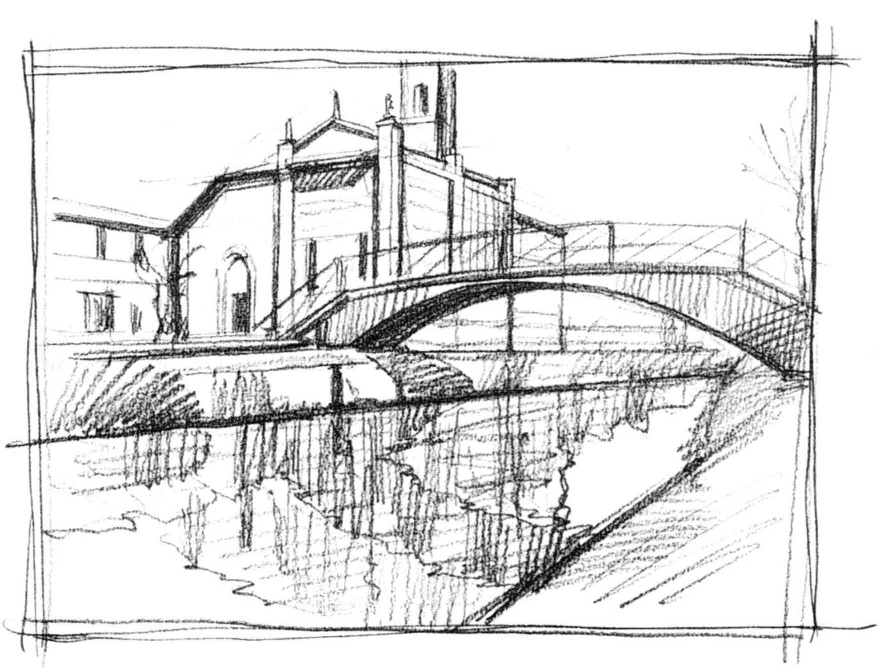

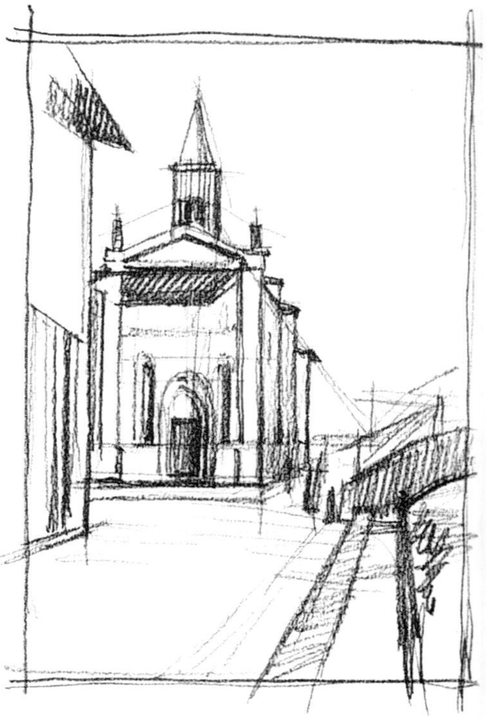

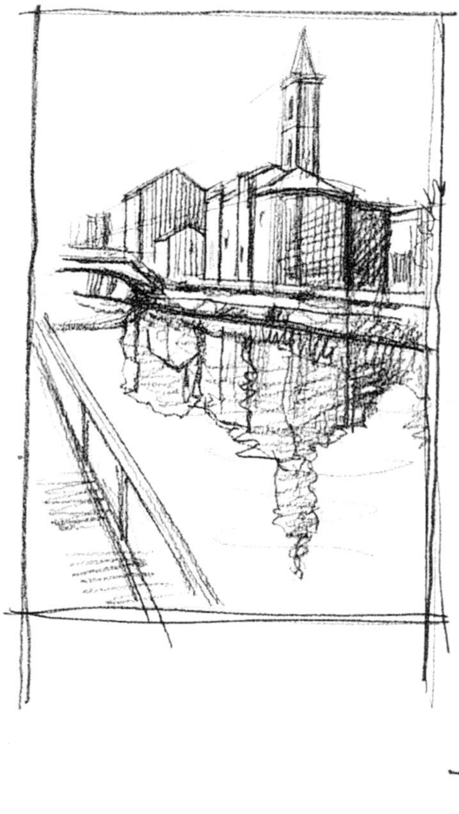

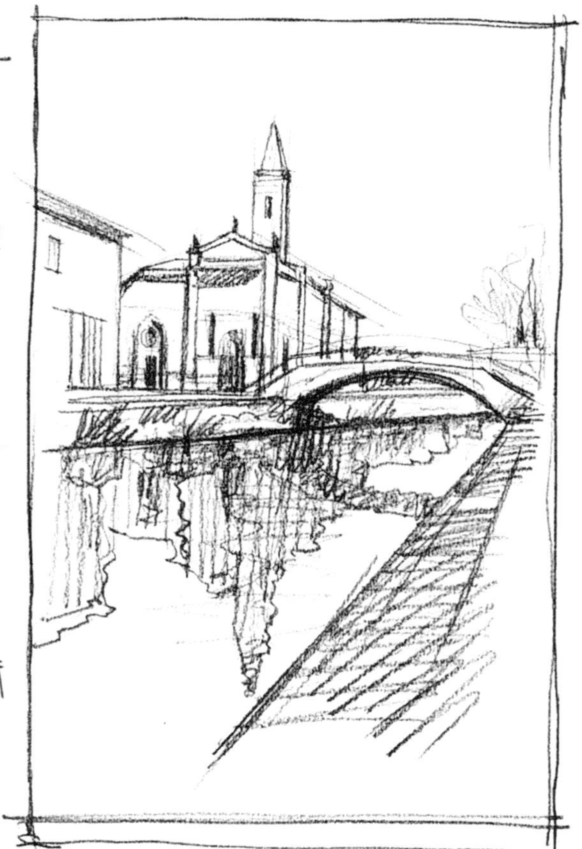

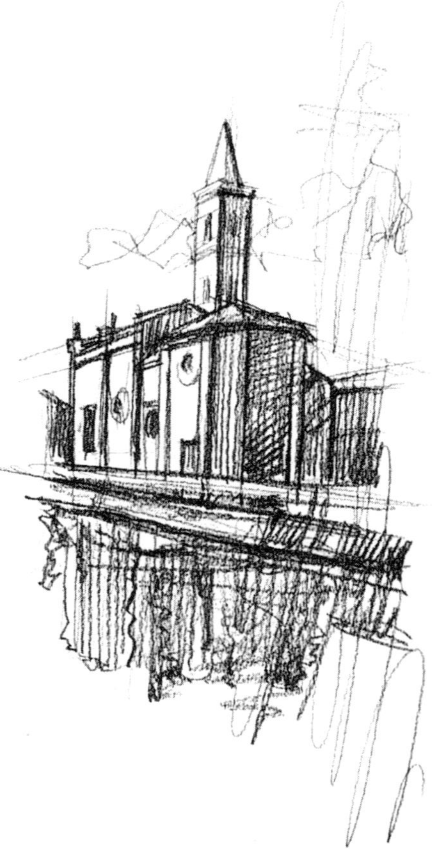

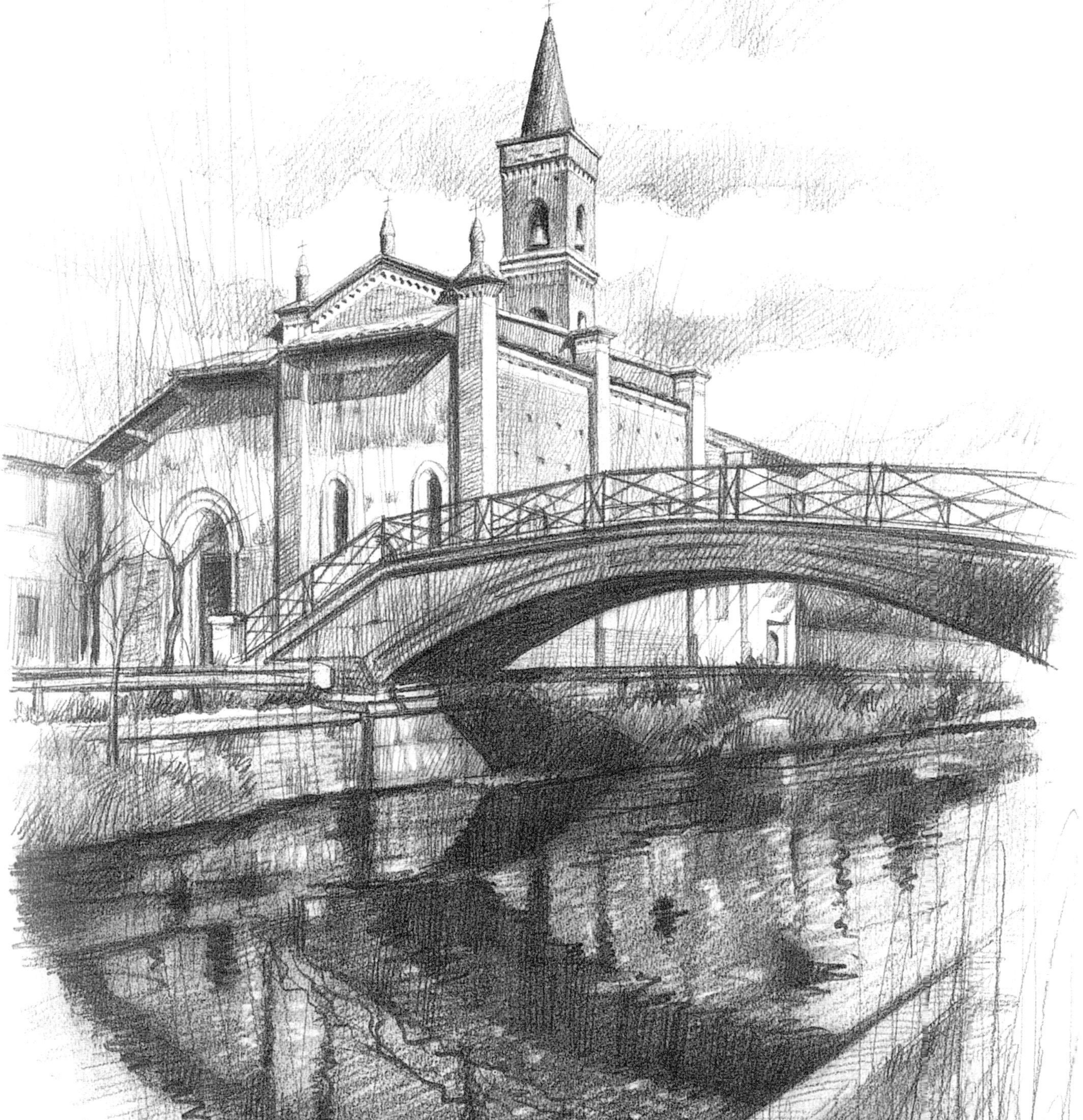

Dessin au crayon sur papier de moyen grammage, 33 x 48 cm.

7 Les procédés de dessin

Le cadrage

Composer un dessin de paysage ne doit pas se résumer pas à choisir le point de vue adéquat, c'est aussi décider d'insérer certains éléments dans le dessin, d'en supprimer d'autres, ou encore d'en modifier les dimensions ou la disposition. Il s'agit aussi de « ciseler » l'image, c'est-à-dire de choisir les dimensions du dessin, préférer un format vertical ou horizontal et ainsi de suite. Le dessin ci-dessous est un bon exemple de composition. Le dessinateur peut être aidé dans ses choix grâce à un expédient simple mais efficace : un cadre, c'est-à-dire une petite fenêtre rectangulaire taillée dans un morceau de carton et à travers laquelle il peut « cadrer » le paysage à sa guise, le rapprochant puis l'éloignant de l'œil, le tournant à la verticale ou à l'horizontale, pour parvenir à établir quels aspects du paysage semblent les plus appropriés ou intéressants pour représenter le sujet. Beaucoup d'artistes utilisent, pour cette opération, le cadre d'une diapositive.

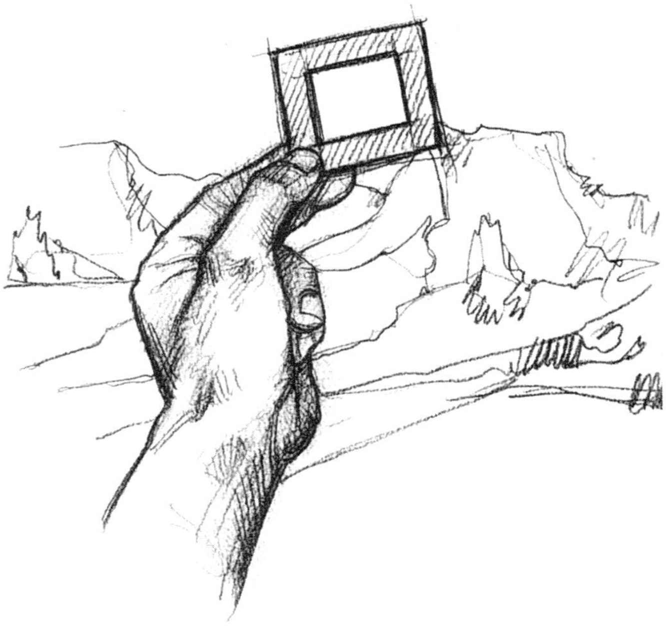

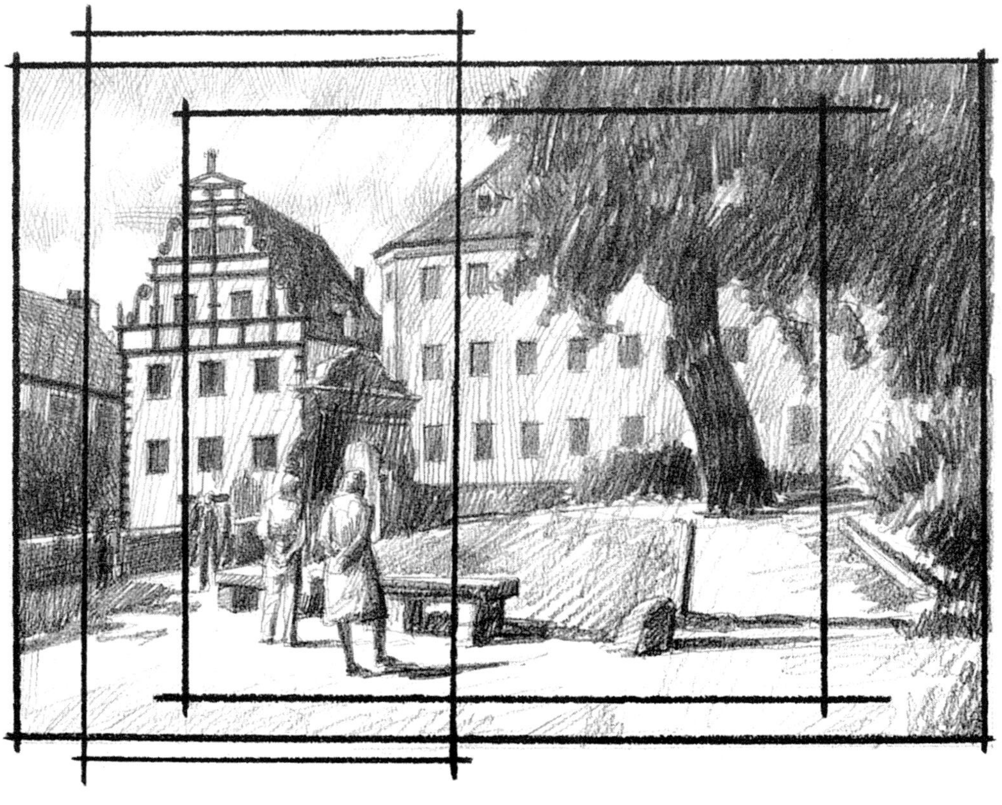

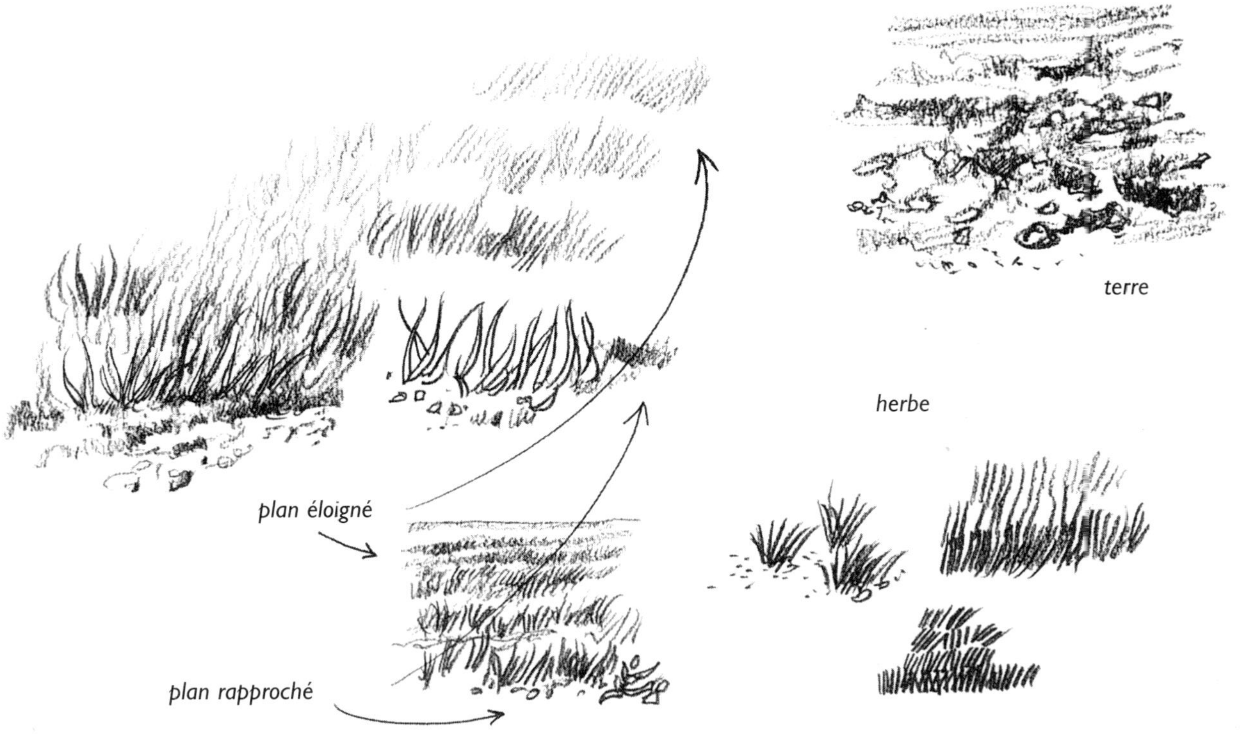

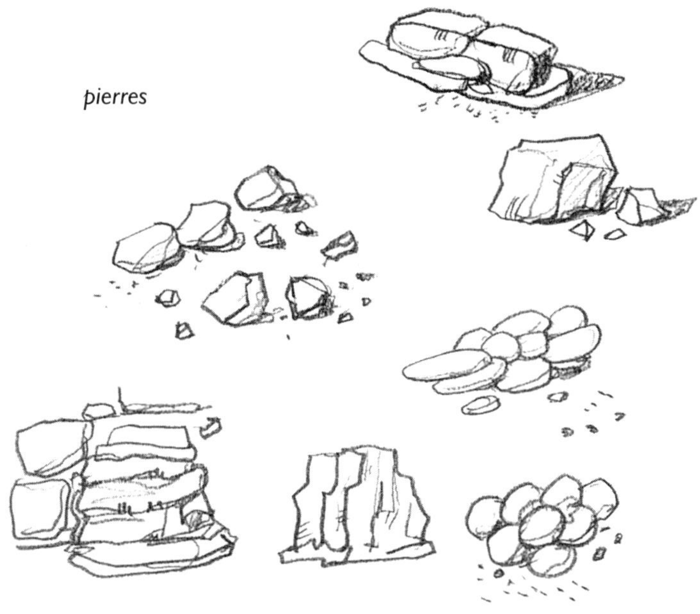

Les détails et l'effet d'éloignement

Les esquisses reproduites dans cette page indiquent, pour quelques éléments du paysage (herbe, terre, pierre, eau et bois), des moyens simples de les représenter graphiquement. Il ne s'agit en aucun cas de formules toutes faites à appliquer, mais plutôt de suggestions sur la manière de rendre certains éléments dans une représentation graphique. Vous remarquerez que le plan le plus proche (le premier plan) est représenté avec précision et netteté, tandis que les détails des plans plus éloignés se fondent dans la profondeur, et que leurs contours sont à peine visibles.

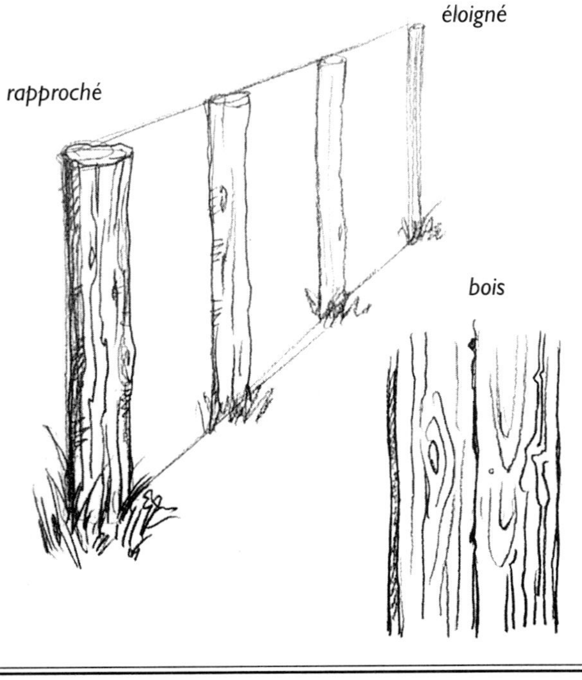

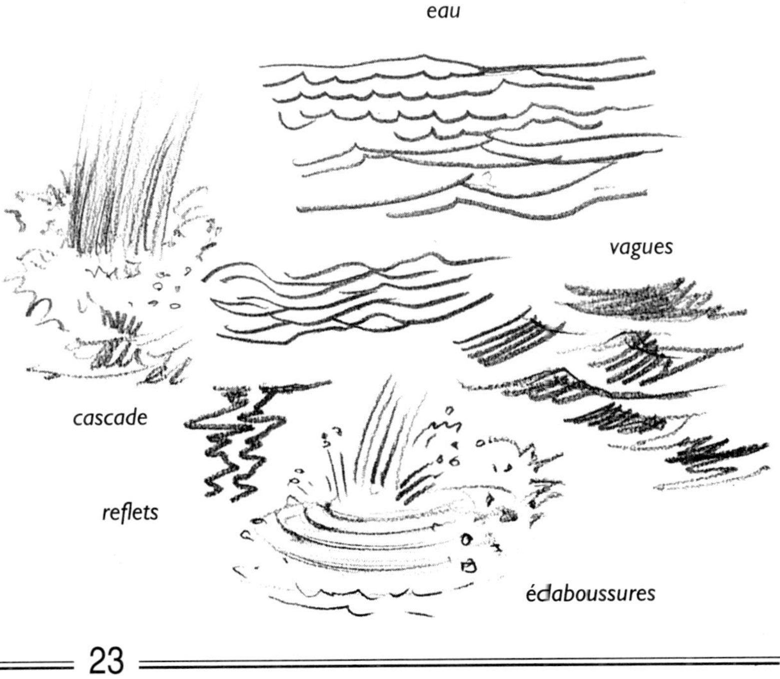

Le dessin au trait

Moyennant le procédé linéaire, les contours de chaque élément du paysage se construisent, et c'est avant tout la netteté et la régularité structurelle et perspective qui sont recherchées. C'est un mode de représentation analytique qui, en tant que tel, est parfaitement adapté aux dessins à la plume ou au crayon à mine dure. Dans ces deux pages sont reproduites les quatre phases successives de l'exécution d'un dessin que j'ai réalisé d'après nature, lors de vacances en Allemagne, en vue de l'édition de cet ouvrage.

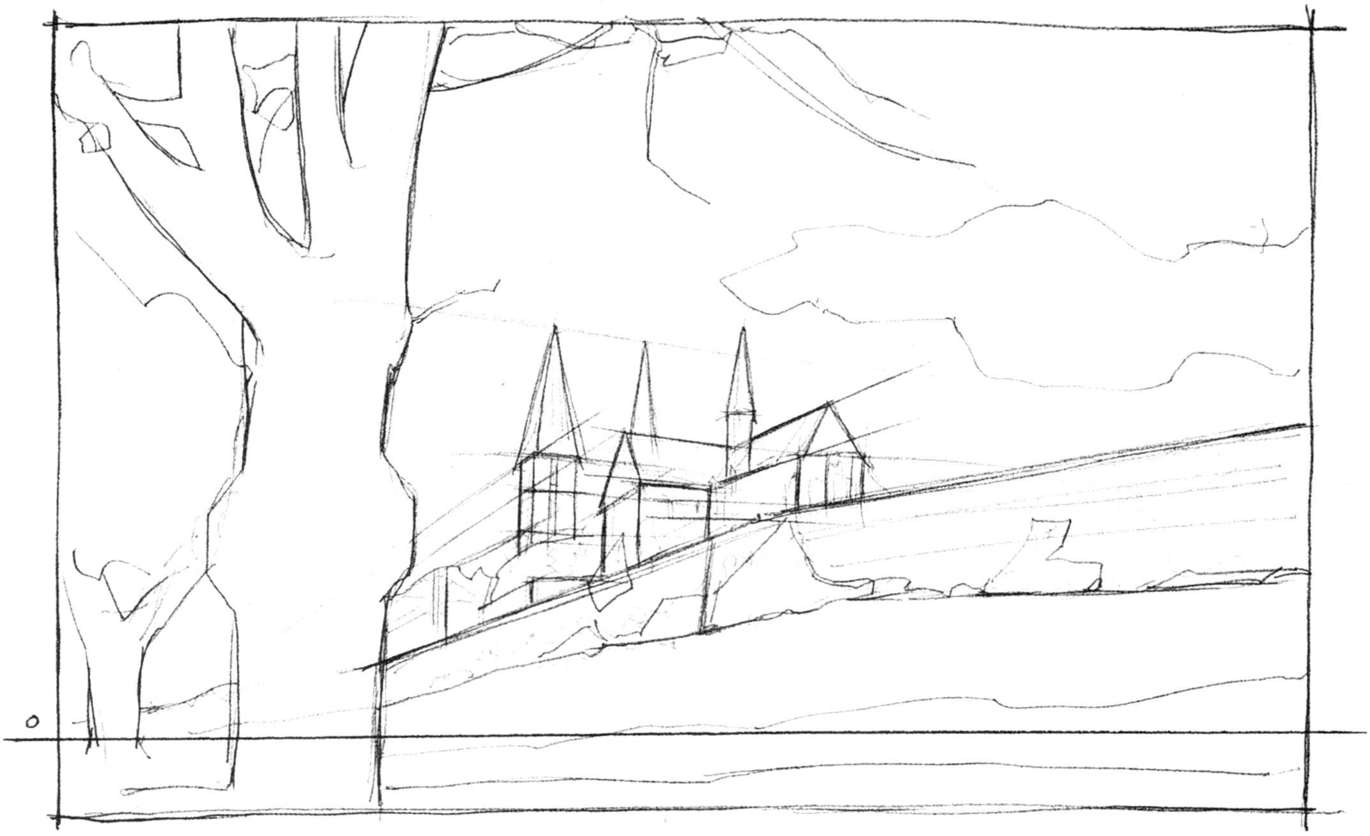

Phase 1 : indications perspectives.

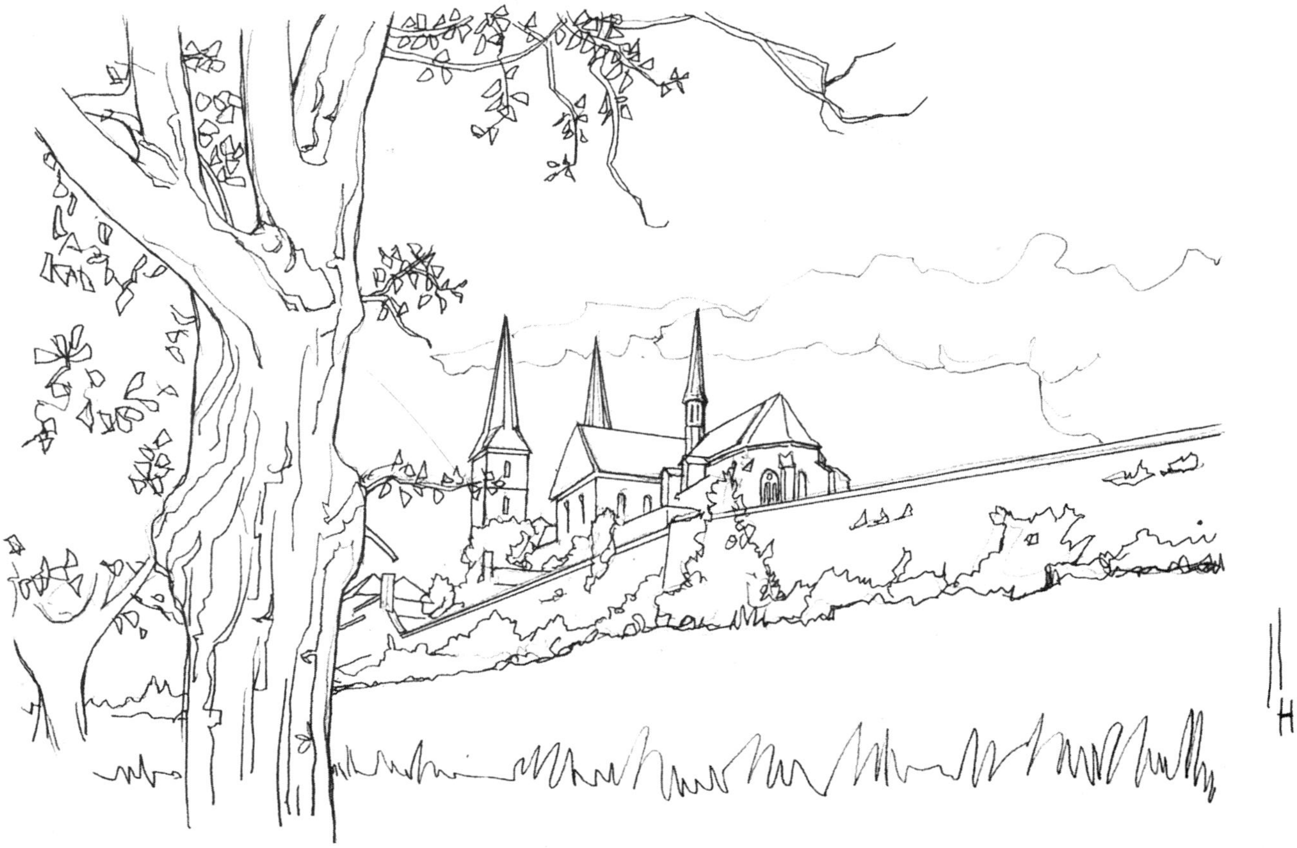

Phase 2 : délimitations et contours des éléments du paysage.

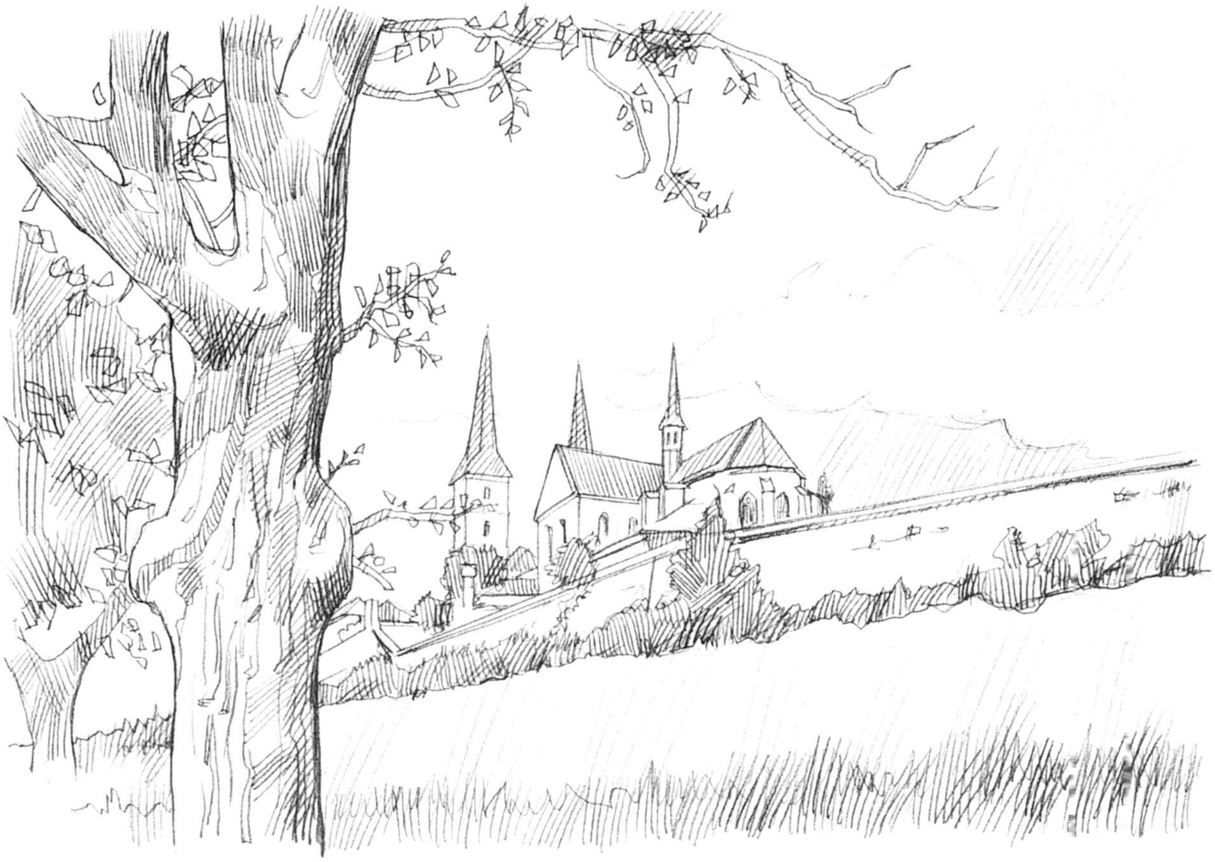

Phase 3 : indication des ombres principales.

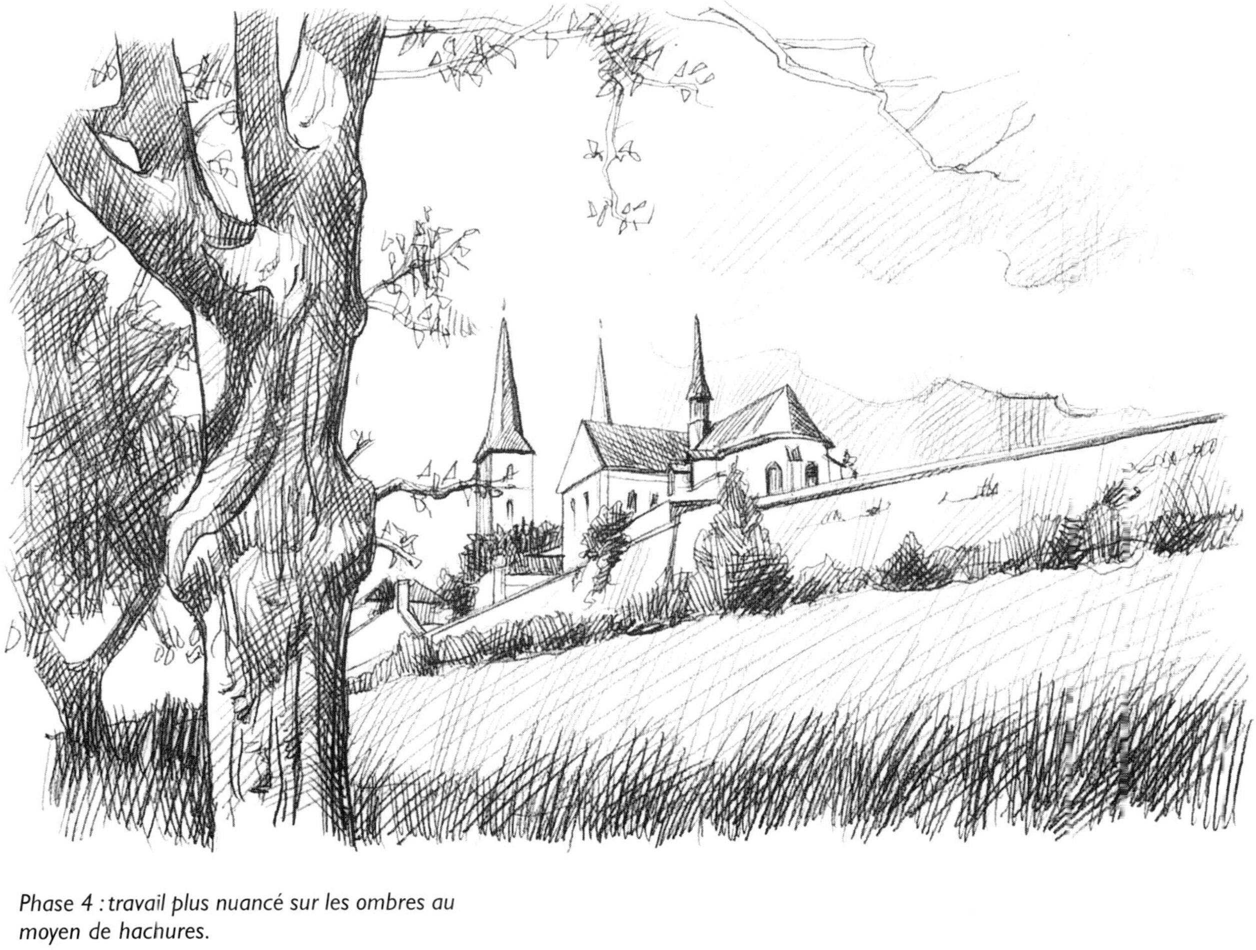

Phase 4 : travail plus nuancé sur les ombres au moyen de hachures.

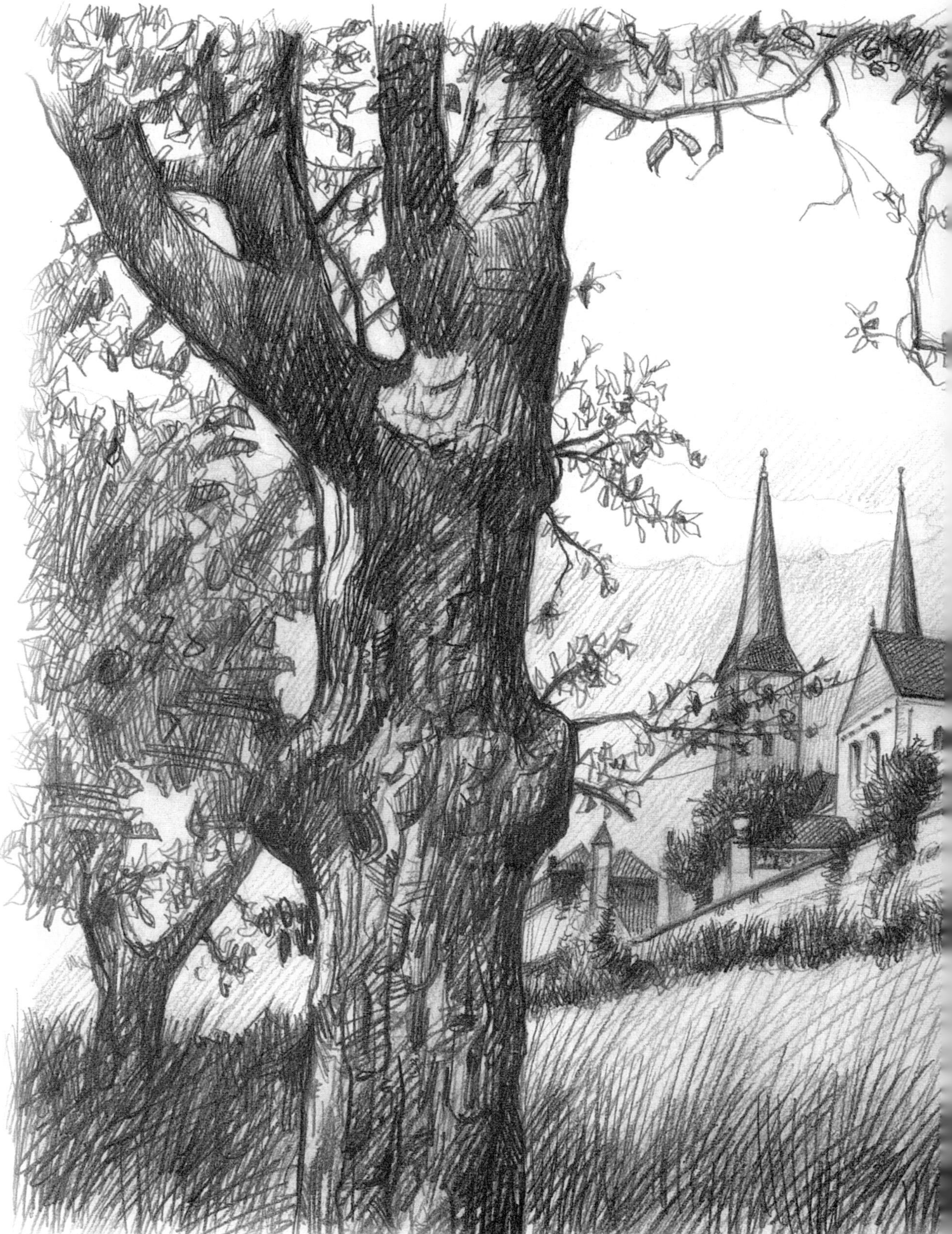

Dessin au crayon sur papier de moyen grammage, 33 x 48 cm.

H
HB

Le dessin ombré

Par rapport au dessin au trait – avant tout graphique –, le dessin ombré s'apparente plus à la peinture et privilégie la représentation des masses formant le paysage selon une vision unitaire, synthétique et davantage portée sur des rapports de tonalité que sur la minutie du détail. On utilise ici une mine grasse ou le fusain, l'aquarelle, ou les techniques mixtes qui se prêtent bien à la gradation tonale typique de la perspective aérienne. Ici sont reproduites, quatre phases d'exécution suivies de l'étude plus élaborée. Je vous conseille d'essayer les deux procédés, le dessin au trait et le dessin ombré, indépendamment de vos préférences stylistiques, et de les appliquer à un même sujet de paysage, afin de pouvoir en évaluer, par la suite, les différentes caractéristiques expressives.

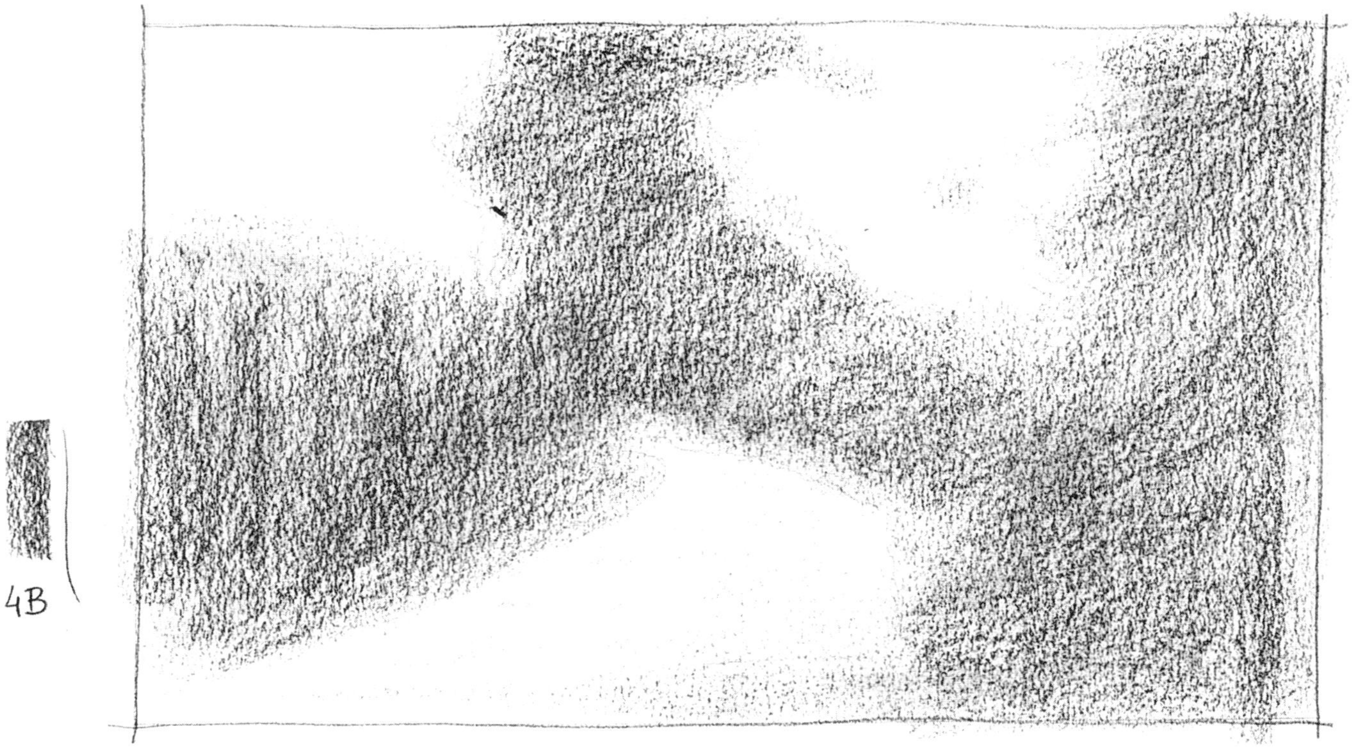

Phase 1 : indication des masses distinctes.

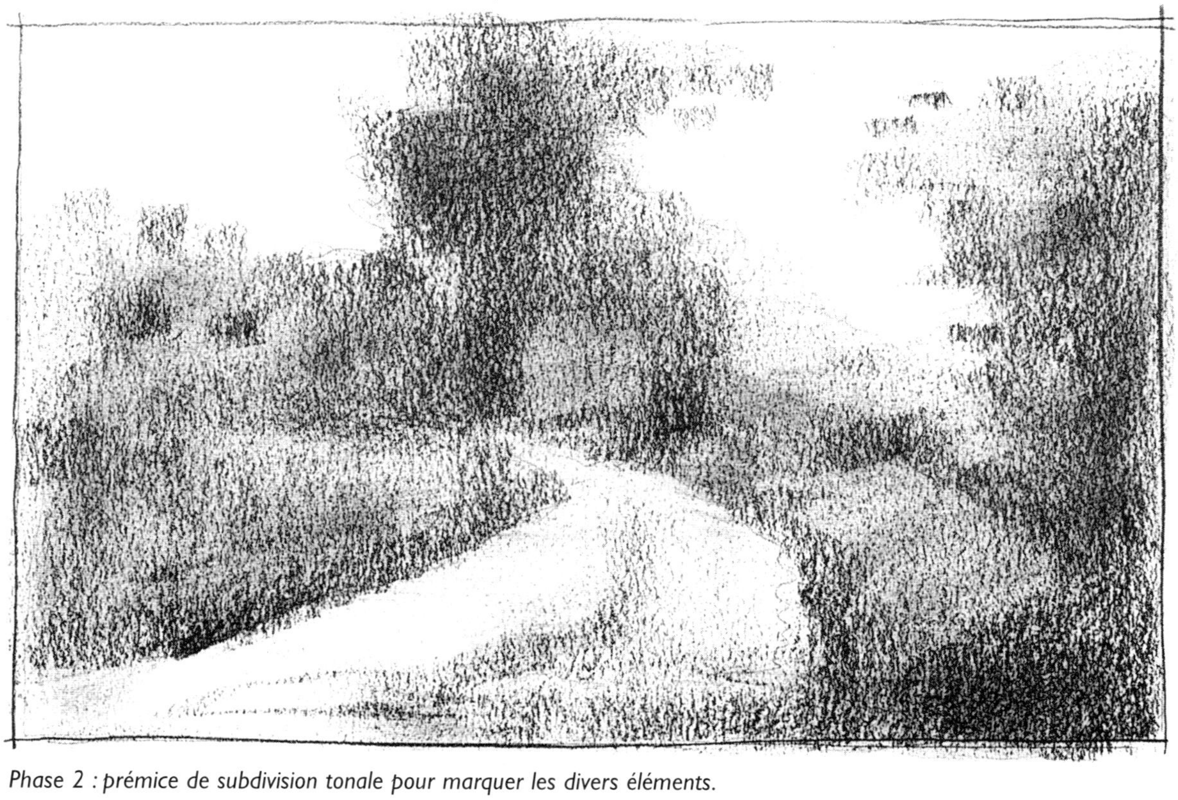

Phase 2 : prémice de subdivision tonale pour marquer les divers éléments.

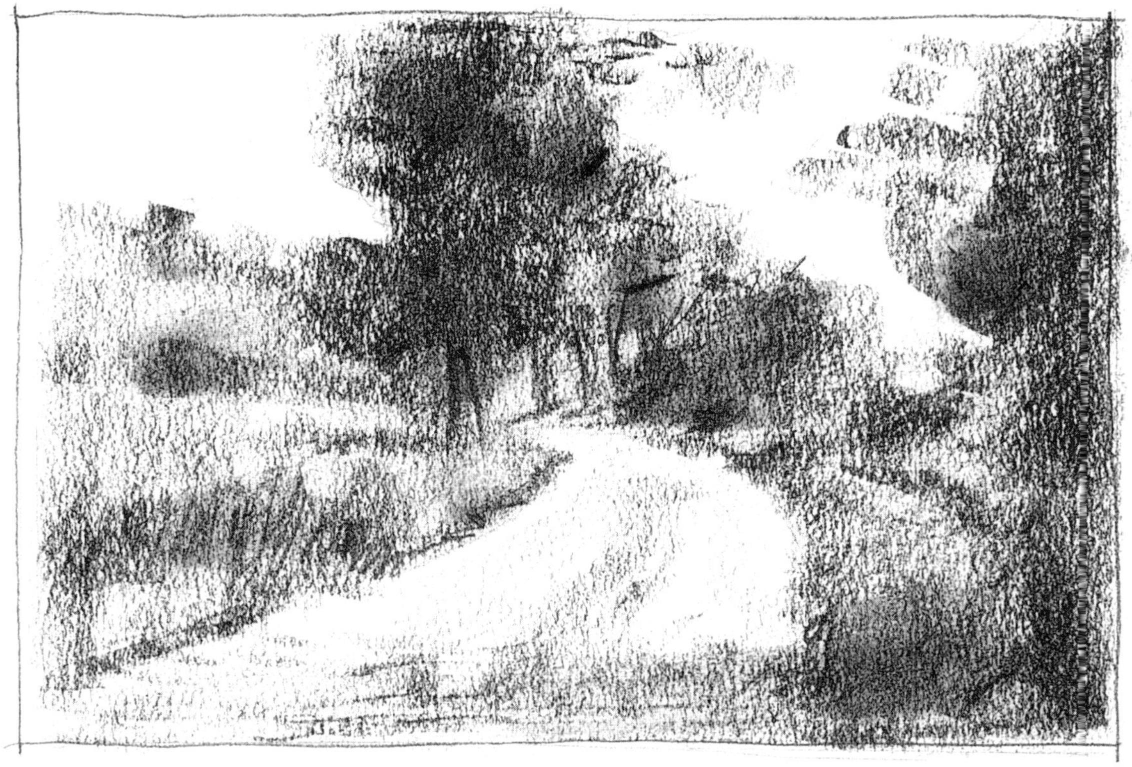

Phase 3 : recherche de la « profondeur ».

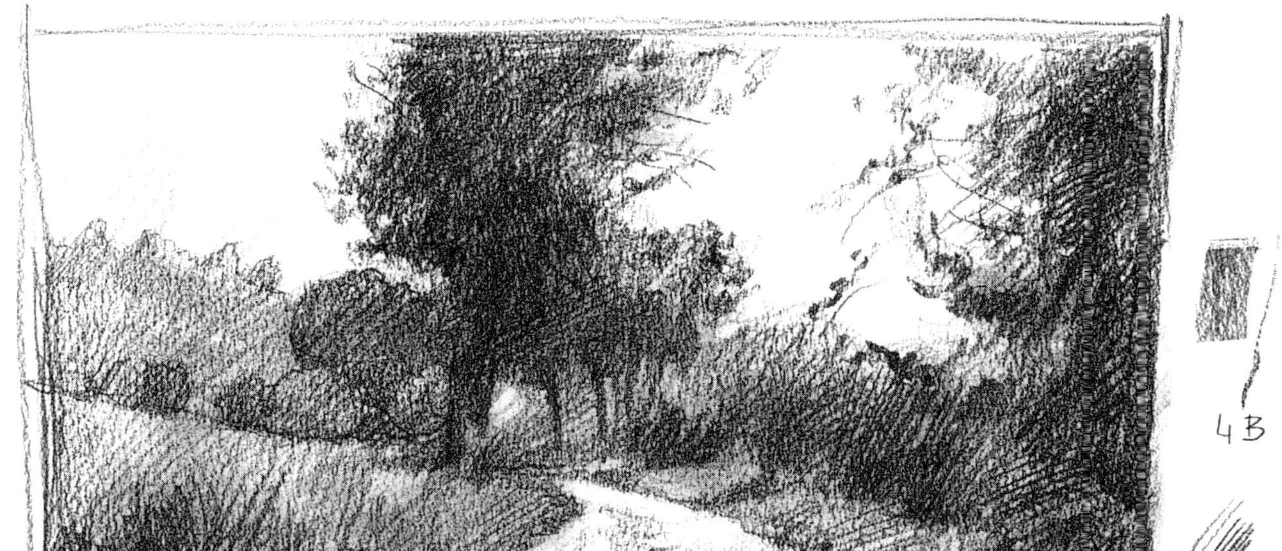

Phase 4 : modulation tonale plus avancée.

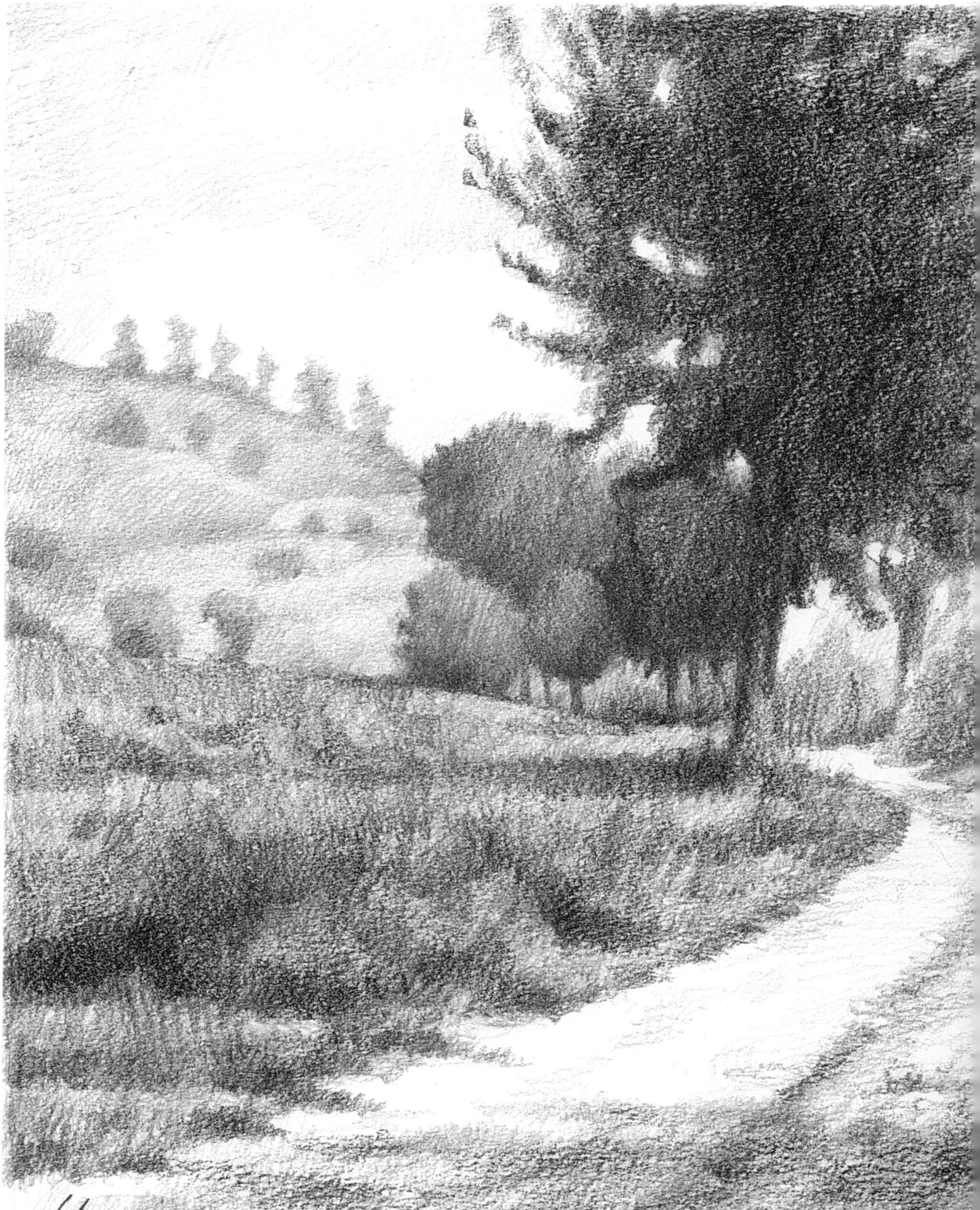

Pointe grasse sur papier de moyen grammage, 33 x 48 cm.

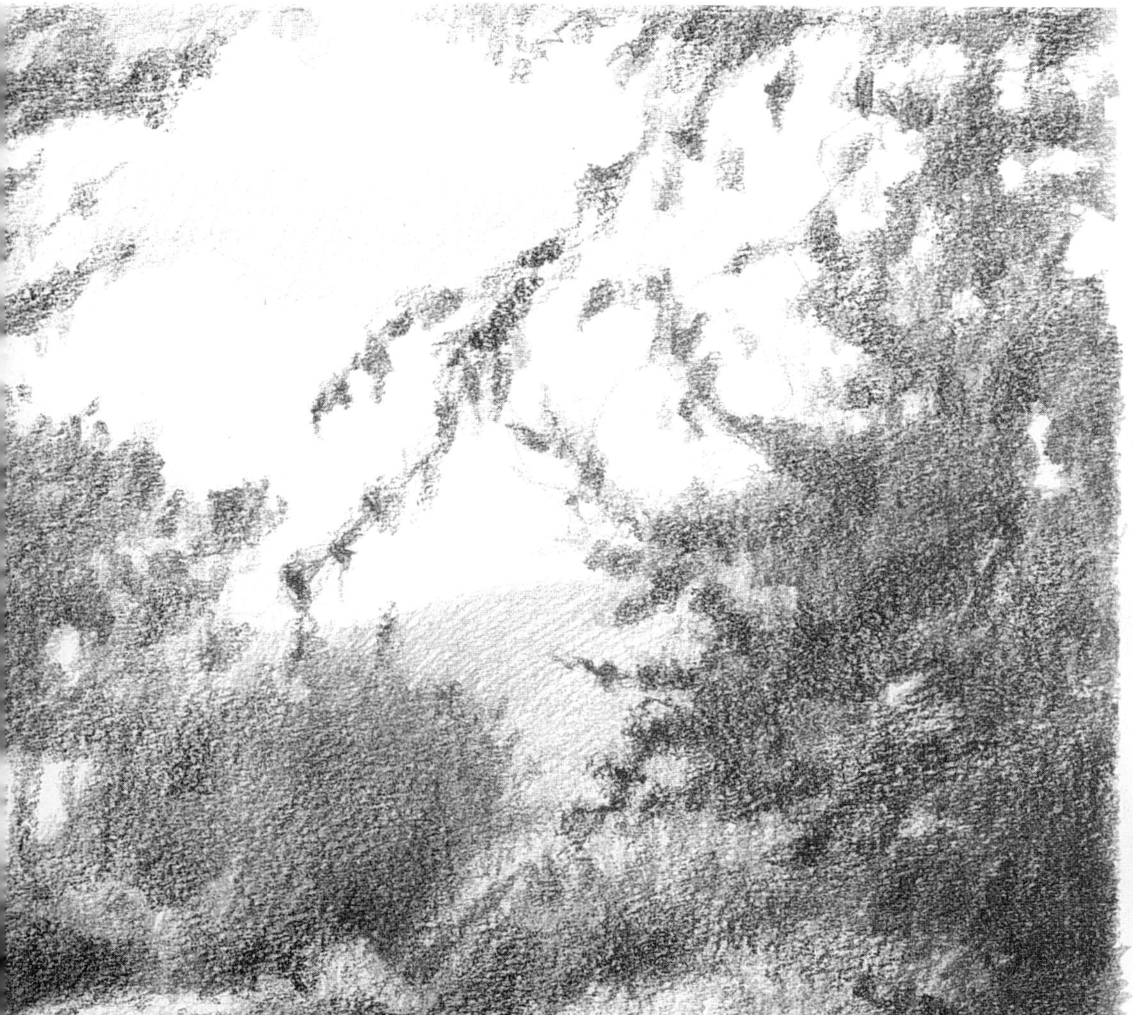

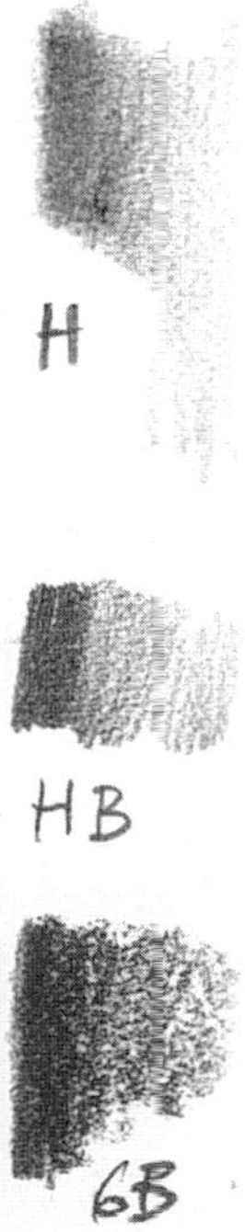
H
HB
6B

8 L'étude préparatoire

Le dessin peut être un moyen d'expression autonome, une fin en soi valorisée par des qualités intrinsèques, ou encore un instrument d'étude de la réalité pour, en quelque sorte, garder une trace d'impressions visuelles et résoudre des problèmes de composition. C'est en somme une étude « préparatoire » exécutée en prévision d'une œuvre plus élaborée (dessin ou peinture).

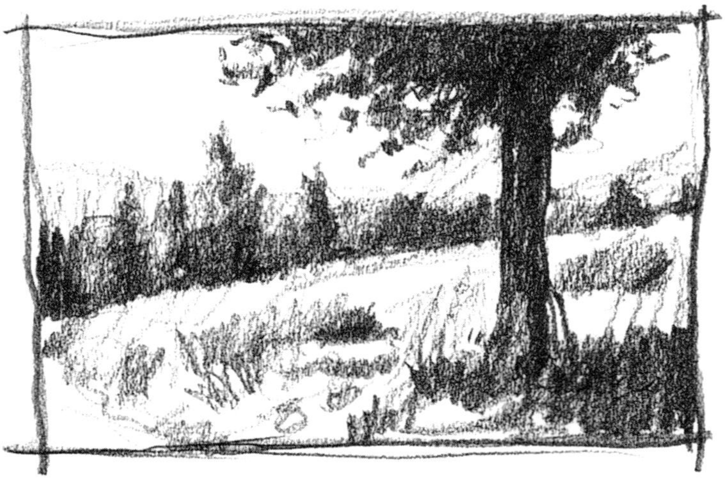

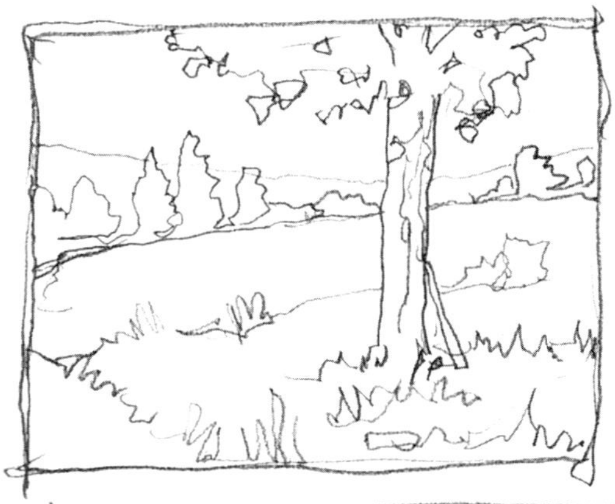

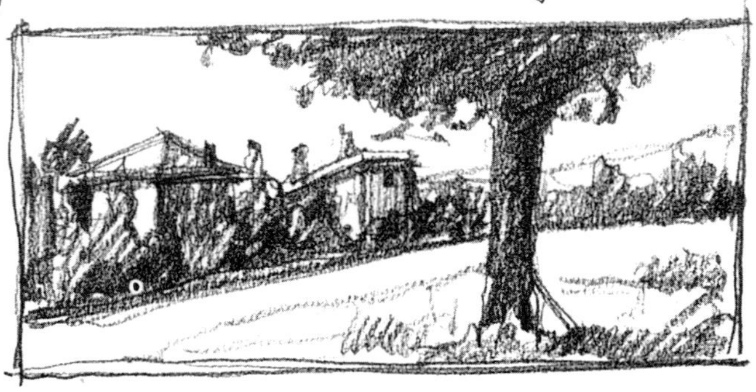

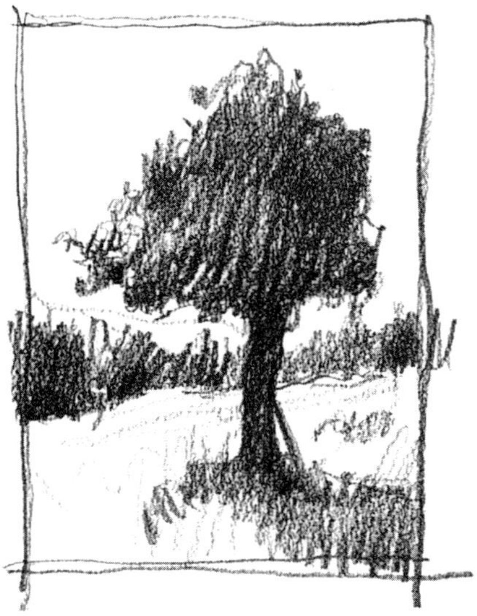

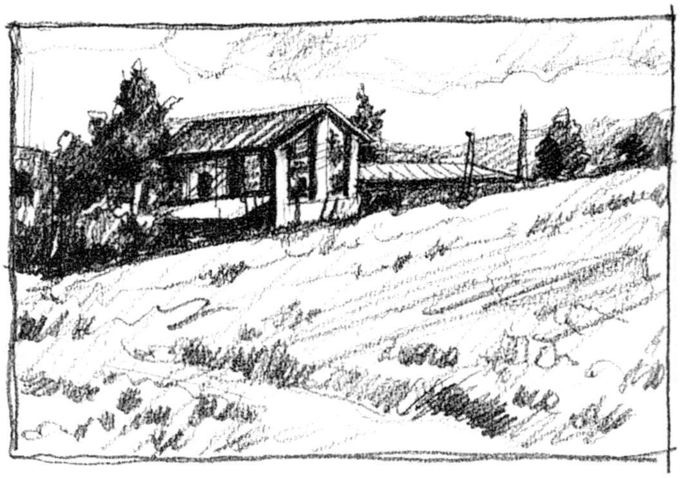

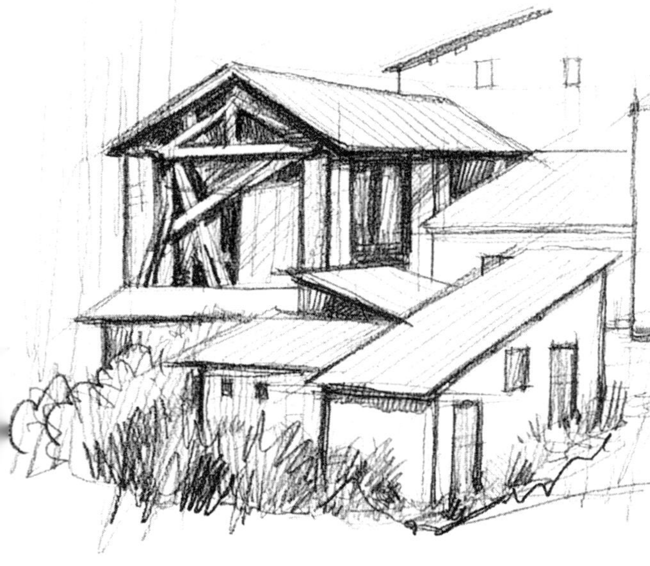

J'ai rassemblé ici quelques dessins exécutés d'après nature pour l'étude d'un motif particulier du paysage. J'ai cherché le point de vue le plus adapté, essayé de substituer, de supprimer ou de déplacer certains éléments (maisons, arbres), et approfondi l'examen architectonique d'une masure... Lors de vos promenades, emportez toujours avec vous un crayon et un petit carnet de poche, pour pouvoir « croquer » à tout instant le paysage. Ces esquisses vous seront très utiles quand vous chercherez à peindre ou à imaginer des paysages complexes. Certains artistes gardent en permanence avec eux un petit appareil photo, outil indispensable si l'on veut se constituer une documentation fournie sur des sujets de nature. Ne voyez pas dans la photographie un substitut au dessin. Dans le cas du dessinateur, elle n'est qu'un auxiliaire.

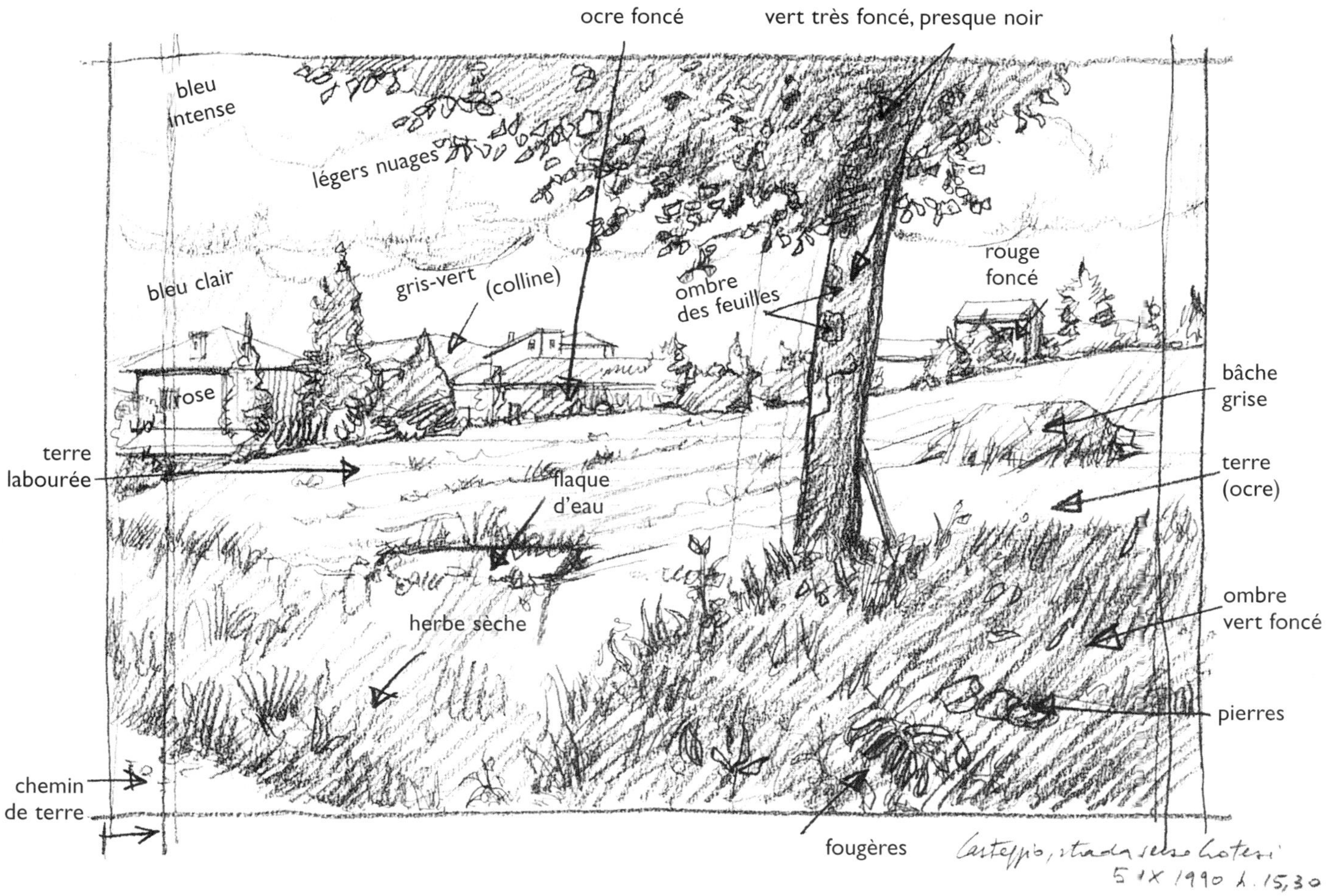

Lorsque vous dessinez une rapide étude préparatoire en prévision d'un tableau, ne vous privez pas de l'annoter pour tout ce qui a trait aux couleurs, aux ambiances particulières, à la structure d'un élément complexe, aux conditions climatiques, à la lumière, etc.

Pour agrandir un petit dessin aux dimensions voulues, ou une photographie, on peut recourir à la technique du quadrillage. Elle permet une rapide et fidèle retranscription des principaux contours de l'image. Le procédé est intuitif. Il s'agit de subdiviser, en traçant de légères lignes parallèles, la superficie de l'original en petits carrés, puis de reporter sur la toile ou sur la feuille de grandes dimensions le même nombre de carrés, (*cf.* l'exemple ci-contre). Il devient alors très facile de reproduire dans chaque carré les tracés de l'original correspondant. Le dessin final sera ainsi agrandi dans ses justes proportions par rapport au petit dessin.

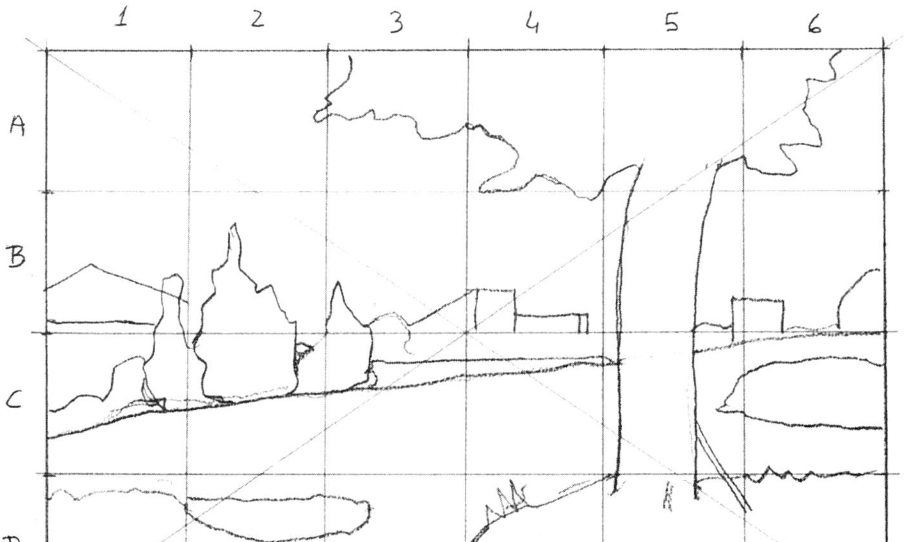

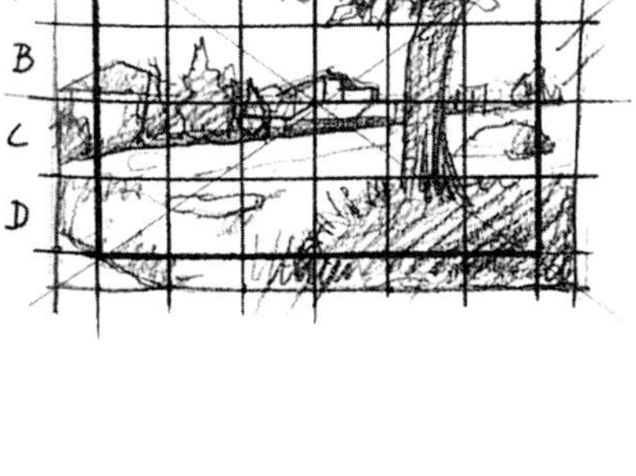

9 Le panorama et le détail

Si vous avez déjà une petite expérience du dessin de paysage, vous avez compris que ce que l'œil voit n'a pas forcément un bon rendu sur un dessin. Un vaste panorama, par exemple, peut offrir des couleurs attrayantes et donner un piètre résultat quand on tente de le dessiner. Le cas contraire existe. Un paysage, à première vue insignifiant, peut se révéler, par la suite, sur le papier, tout à fait digne d'intérêt et significatif. Les mêmes considérations sont valables pour la photographie. Ce phénomène, assez complexe, se nourrit de la perception visuelle, de la psychologie et de l'expérience artistique de chacun. Mais, au fond, la principale difficulté reste de parvenir à transférer sur un plan la réalité tridimensionnelle en conservant le sens de profondeur du paysage. On peut choisir, dans un vaste panorama, un ou deux éléments qui se prêteront mieux que le reste au dessin. Dans le dessin « panoramique » ci-dessous, le premier plan a peu de relief, il est intégré dans la vision globale. De plus, la tonalité et la perspective de chaque détail restent subordonnées aux autres éléments (le rocher, la mer, etc.). Isolé du contexte, ce même premier plan prend un relief et un sens graphique autonome. Son exécution demande alors une technique plus analytique.

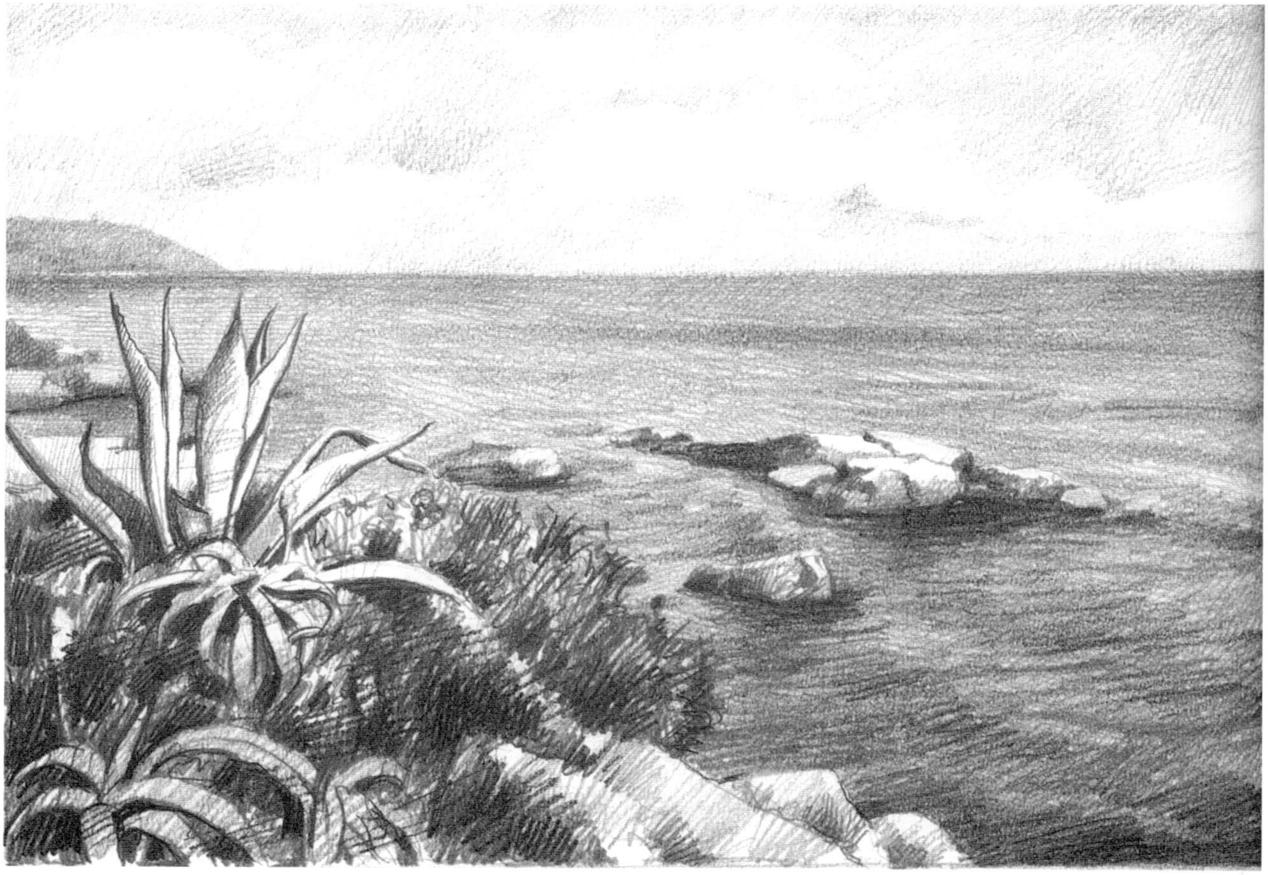

Crayons HB et 2B sur papier de moyen grammage, 28 x 19 cm.

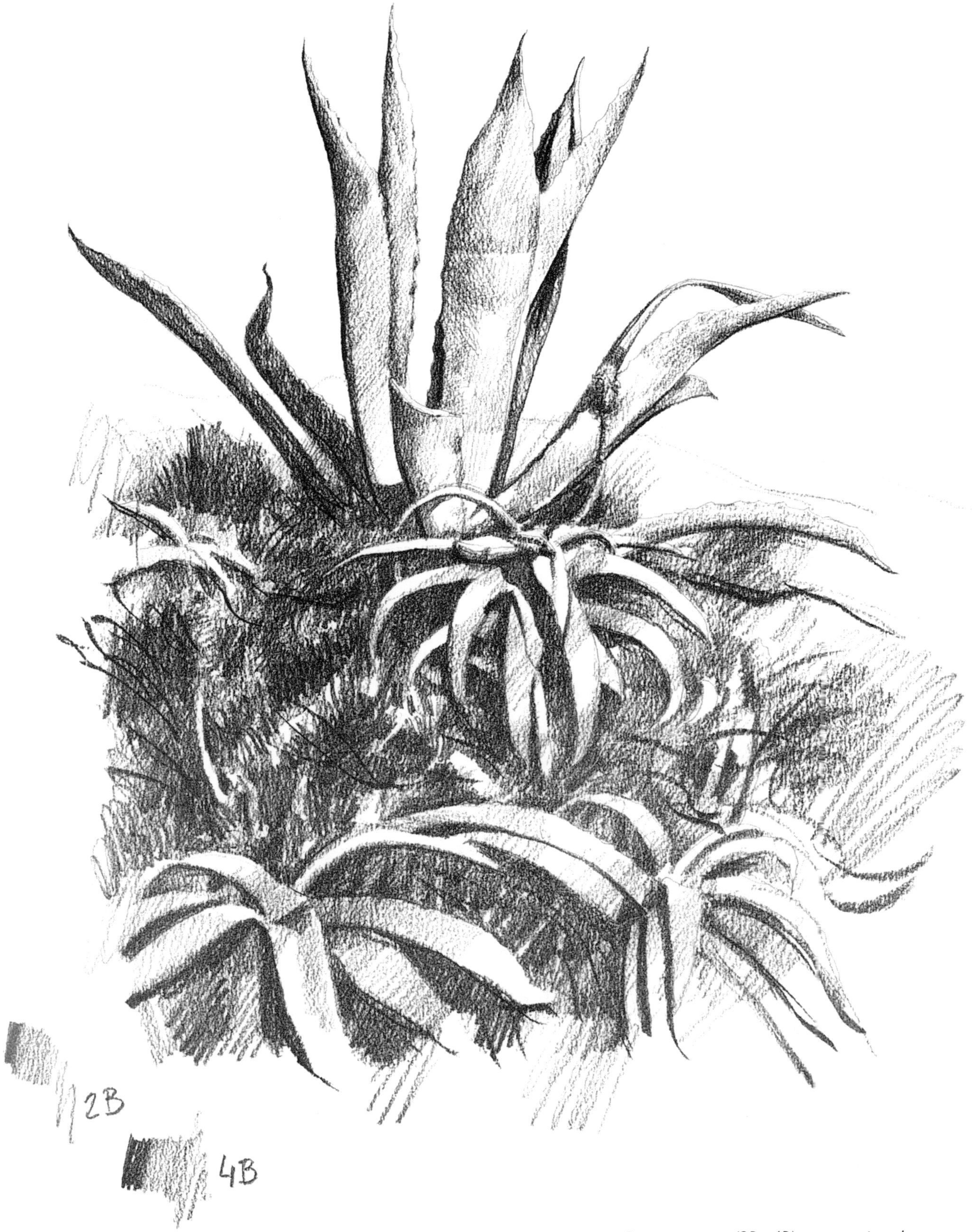

Pointe grasse (2B, 4B) sur papier de moyen grammage, 33 x 48 cm.

La lumière

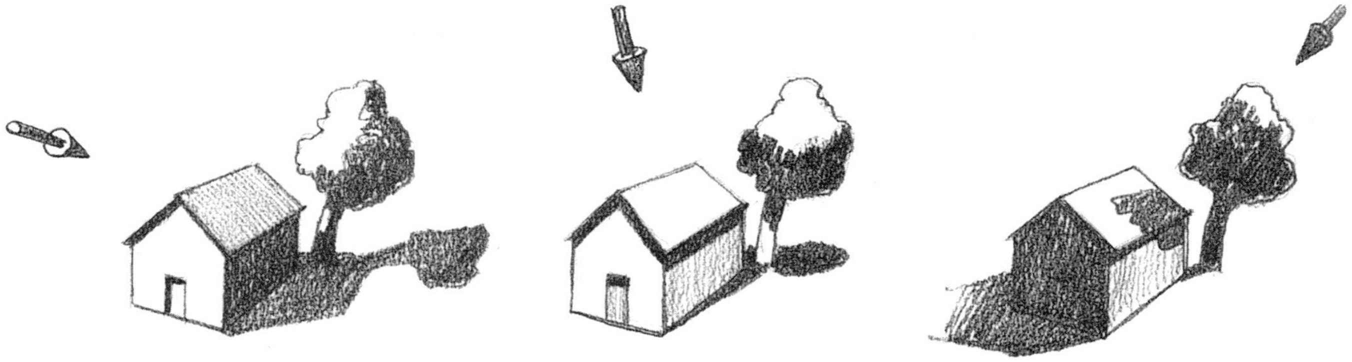

La lumière est un élément fondamental dans la peinture, et vous devrez l'étudier attentivement, observant les effets du soleil sur le paysage, les ombres changeant de direction selon l'heure du jour, comme vous le montrent les dessins ci-dessus et ci-contre. Si vous le pouvez, observez un même paysage sous différentes conditions climatiques : en plein soleil ou sous un soleil voilé de nuages, sous la pluie, la neige, le brouillard, etc.

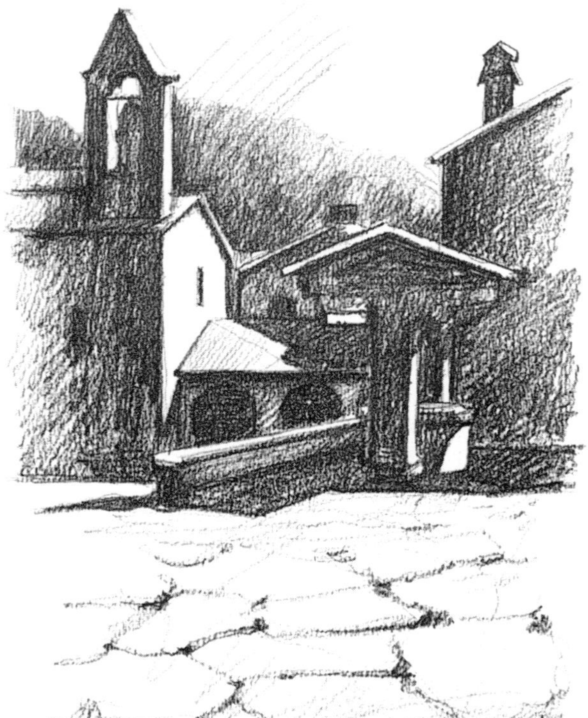

Lumière directe du soleil, le ciel est dégagé.

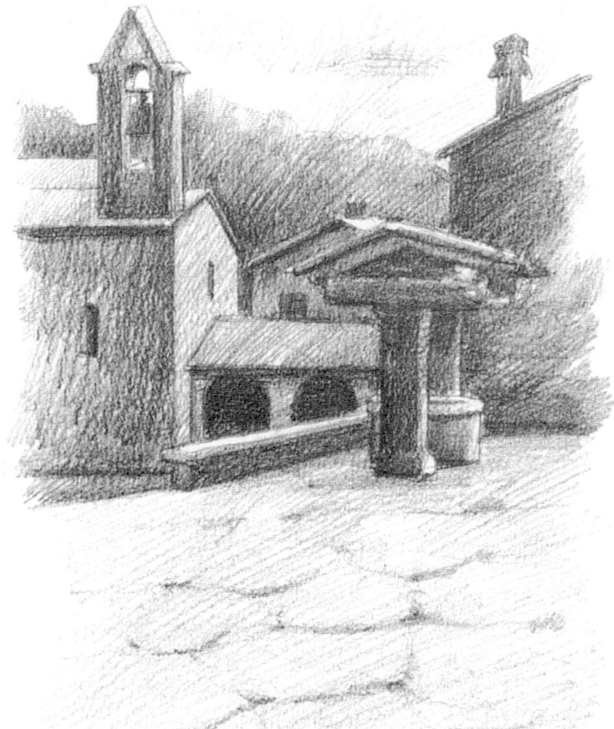

Lumière diffuse du soleil, le ciel est nuageux.

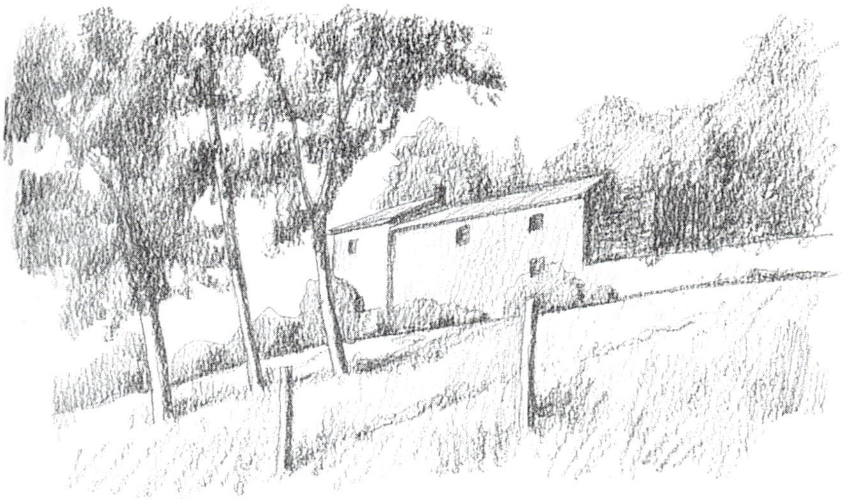

Paysage vallonné dessiné à l'automne, aux premières heures du matin. À l'aube, le soleil est bas sur l'horizon et provoque des ombres longues, peu intenses. Les contrastes de ton, sont faibles, car l'atmosphère est lumineuse et claire.

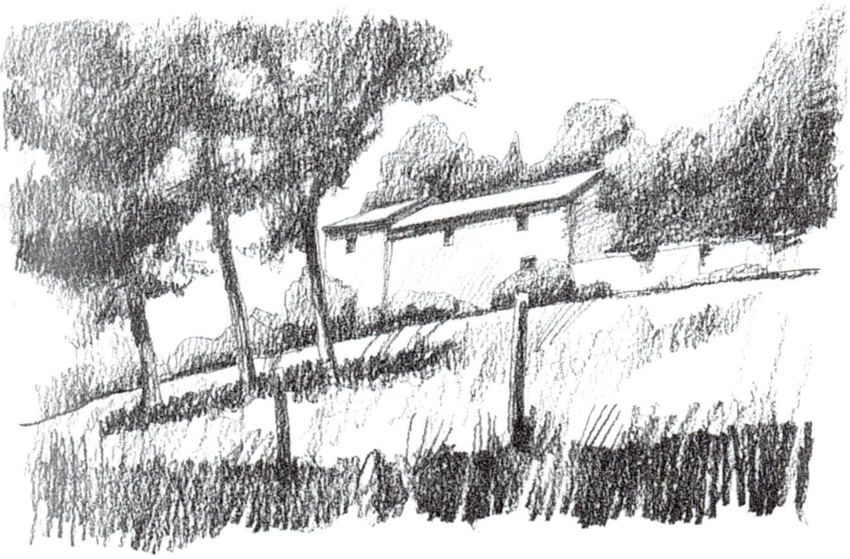

Le même paysage, dessiné aux alentours de midi. Le soleil est pratiquement vertical et provoque des ombres nettes aux pieds des éléments (maisons, arbres...). Les contrastes de tons sont assez marqués, le paysage tout entier apparaît plus lumineux, et les couleurs donnent leur pleine intensité.

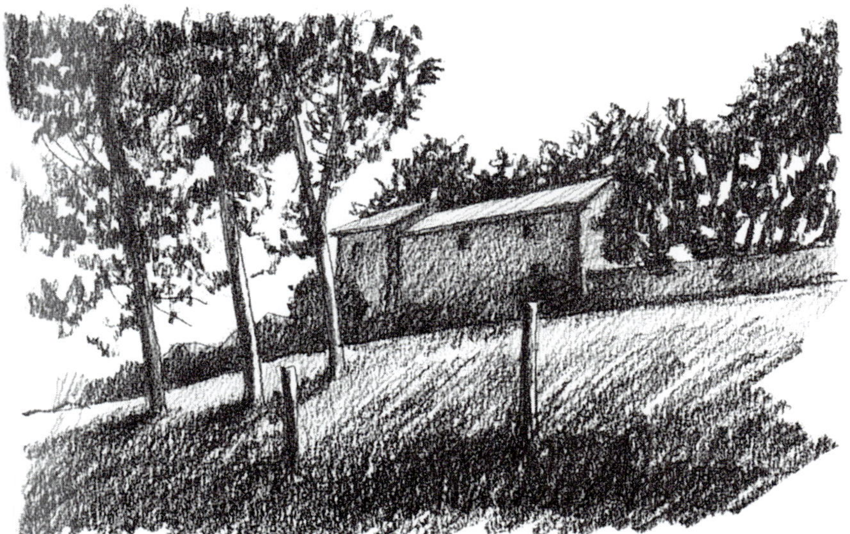

Le même paysage, tard dans l'après-midi. Le soleil, au coucher, est de nouveau bas sur l'horizon et provoque de fortes et longues ombres, ce qui crée un fort contraste de tonalités entre le ciel (très lumineux) et les autres éléments du paysage (tournant le dos à la lumière) qui se découpent à contre-jour.

11 *Les éléments du paysage* — *L'eau*

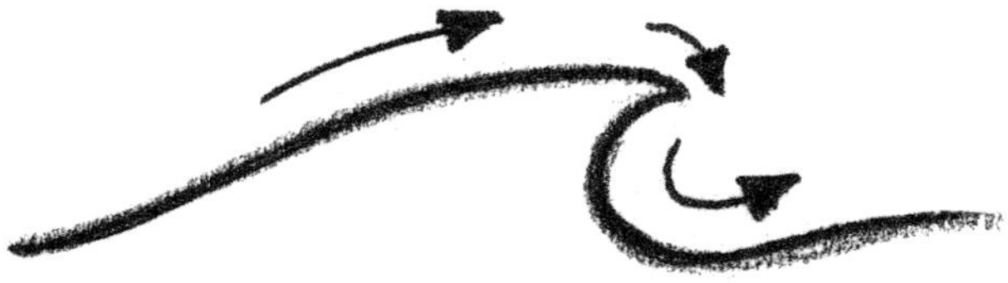

L'eau a son importance en tant qu'élément, et elle est fréquemment représentée dans les tableaux de paysages. Les problèmes liés à ses reflets ont déjà été évoqués pages 10 et 11, et ce chapitre vise plutôt à suggérer les aspects intéressants de l'eau et de son environnement : les vagues, les barques au port, un étang, une fontaine, un cours d'eau. Les vagues sur la mer varient selon les vents et peuvent atteindre des dimensions intéressantes. Quand elles se rapprochent du rivage (dessin ci-dessous), la crête se propulse vers l'avant de la vague, puis retombe sur elle-même en formant de petites « franges » blanches, pour ensuite éclater en écume. Quand vous dessinez la mer, ne cherchez pas à rivaliser de réalisme avec une vue photographique et ne vous perdez pas en détails minutieux, mais suggérez plutôt la sensation de mouvement permanent par de petits traits horizontaux fragmentés.

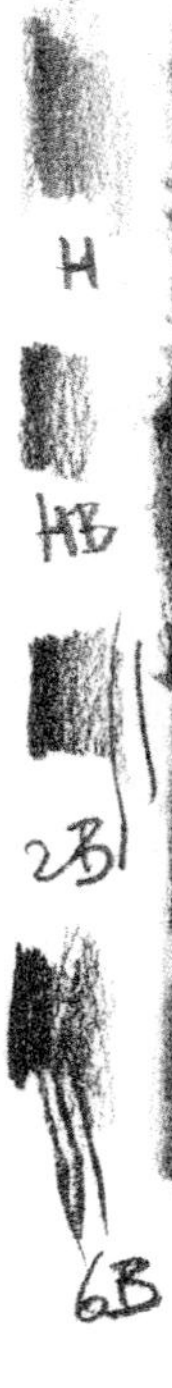

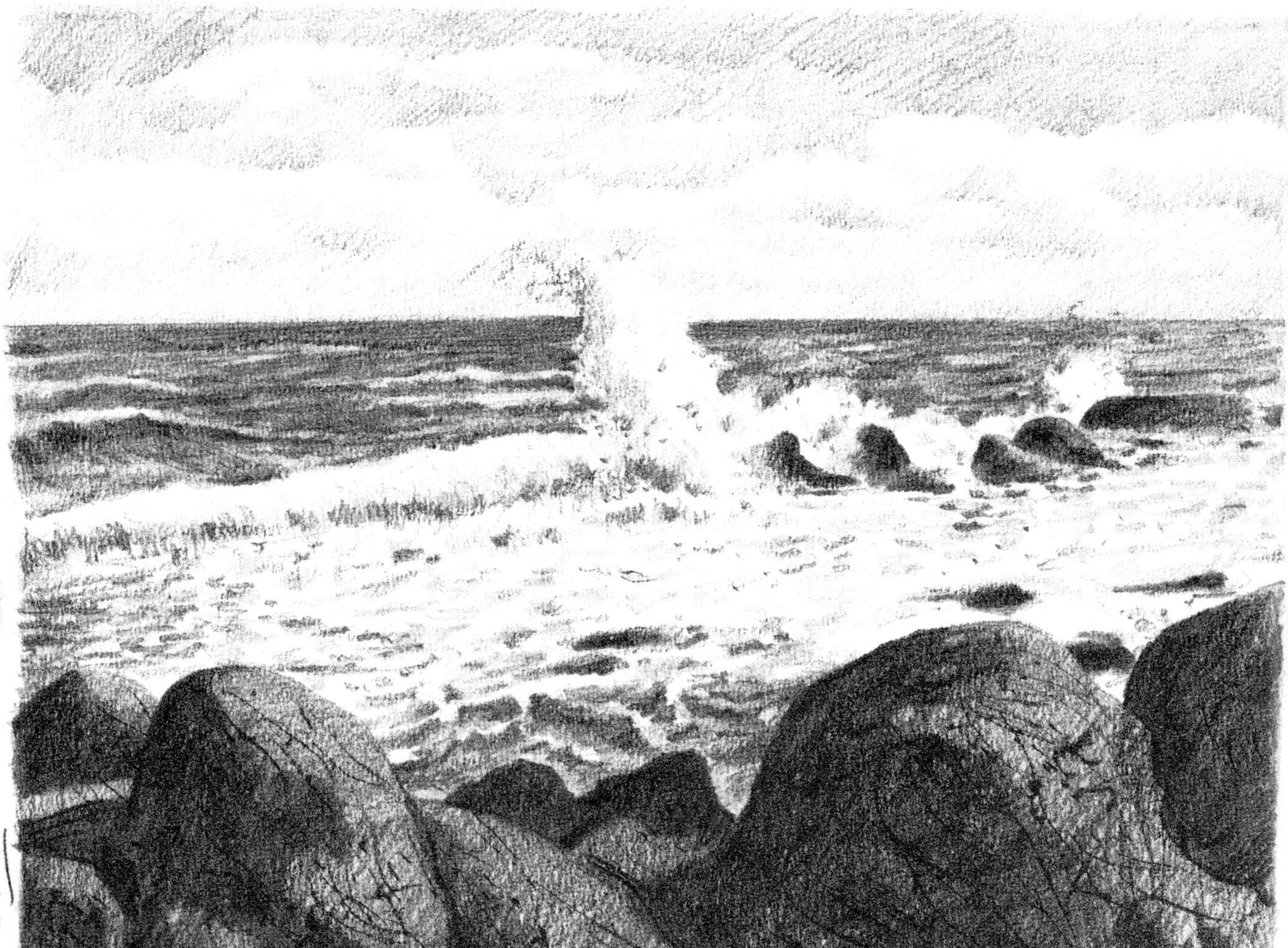

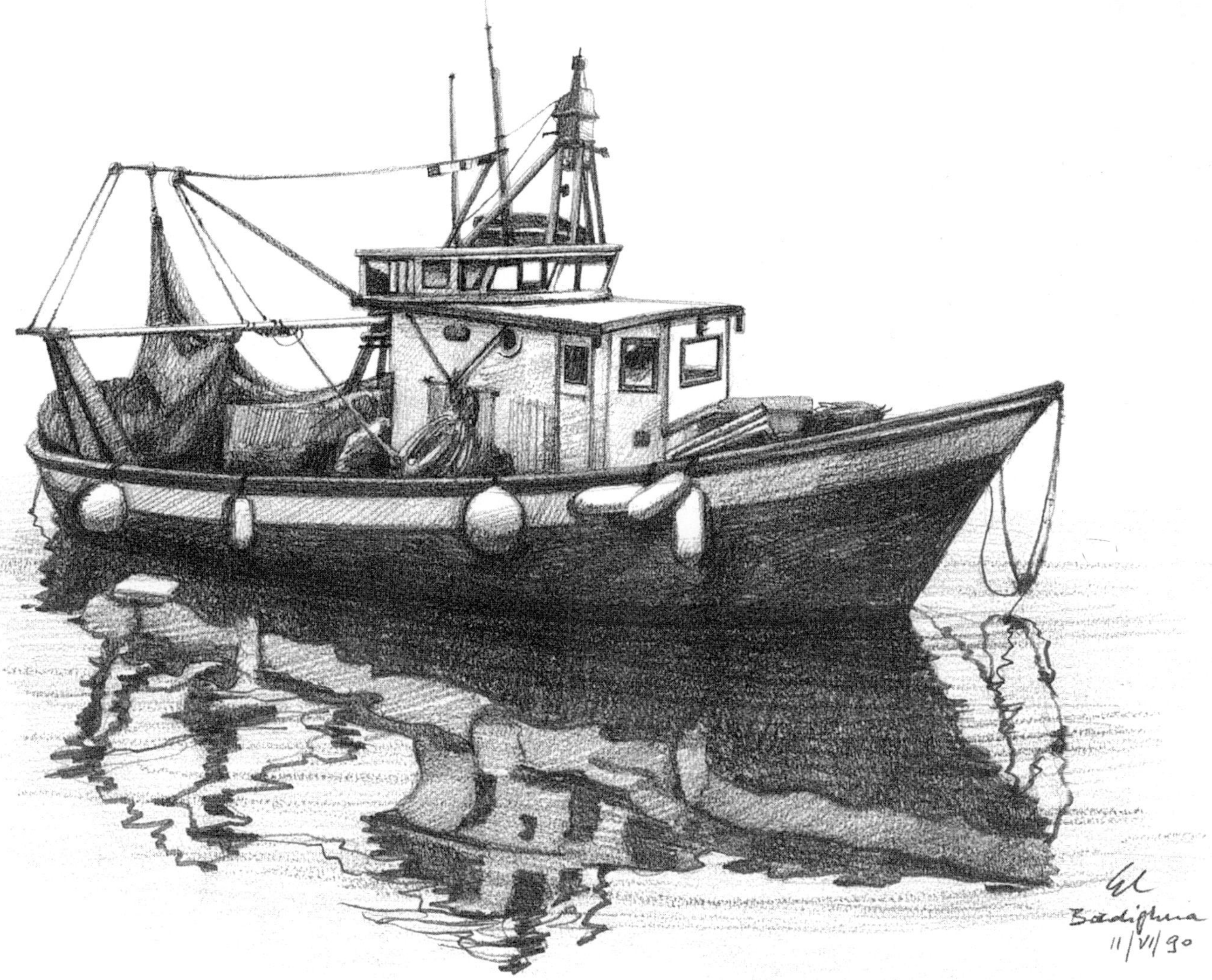
Bordighera
11/VI/90

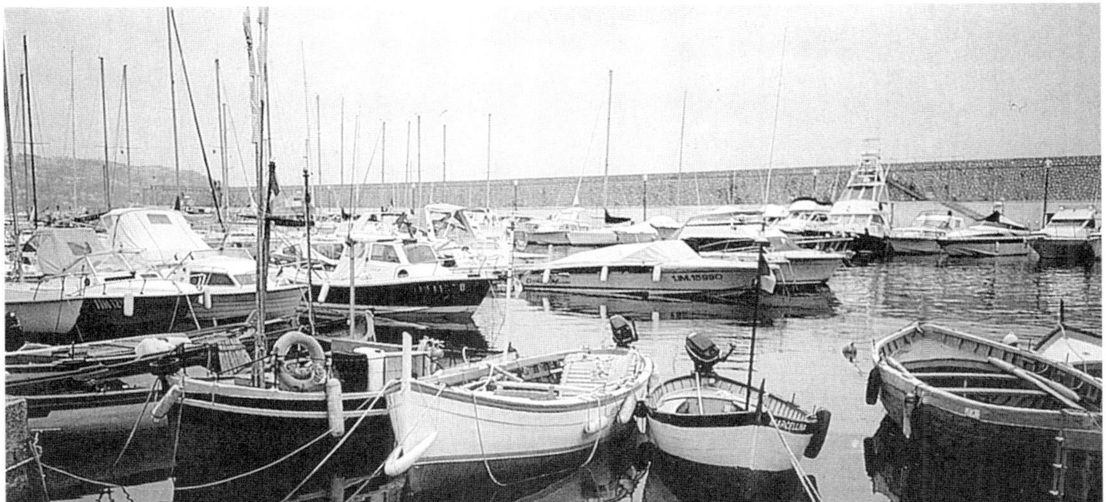

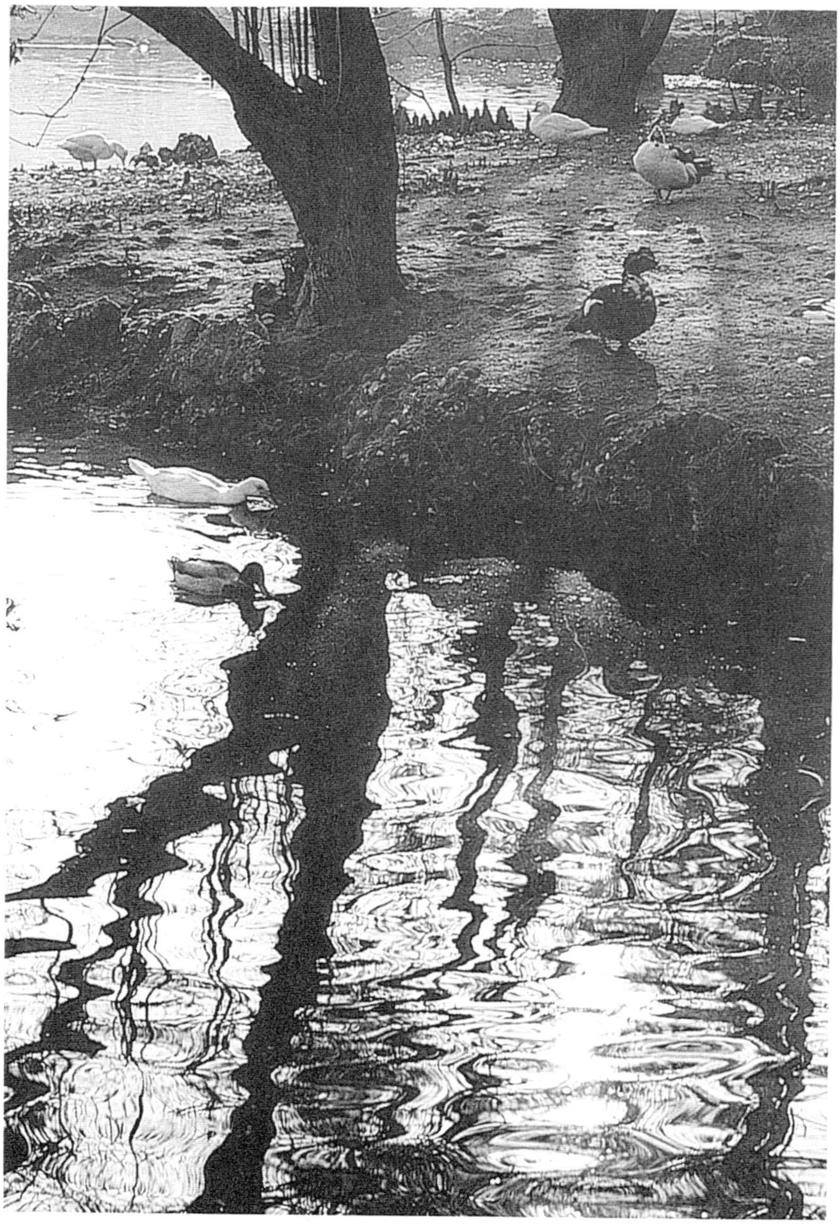

Sujets pittoresques et faciles à trouver : les petits étangs des jardins publics et les fontaines. Exercez-vous à interpréter cette photographie avec chacune des techniques (fusain, crayon, aquarelle, etc.) et agrandissez vos dessins à l'aide d'un quadrillage. Cherchez ensuite des sujets similaires près de chez vous.

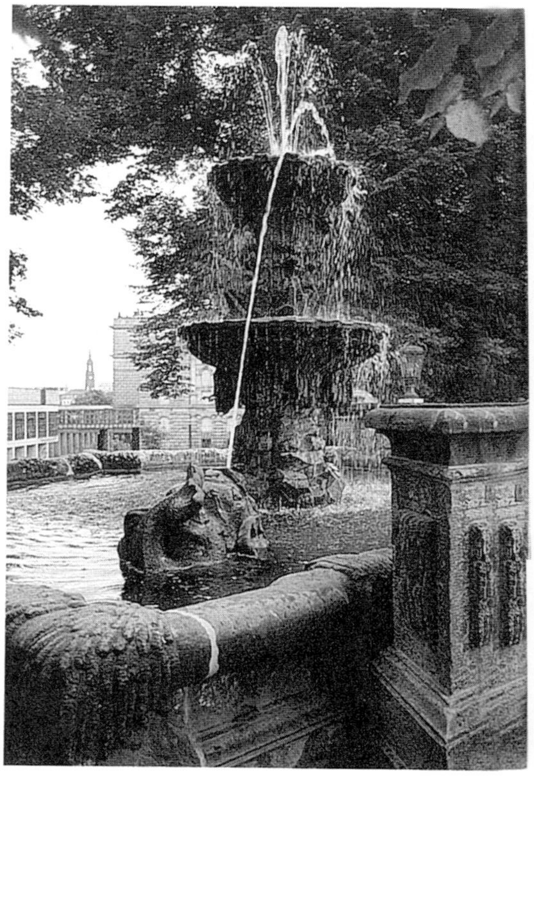

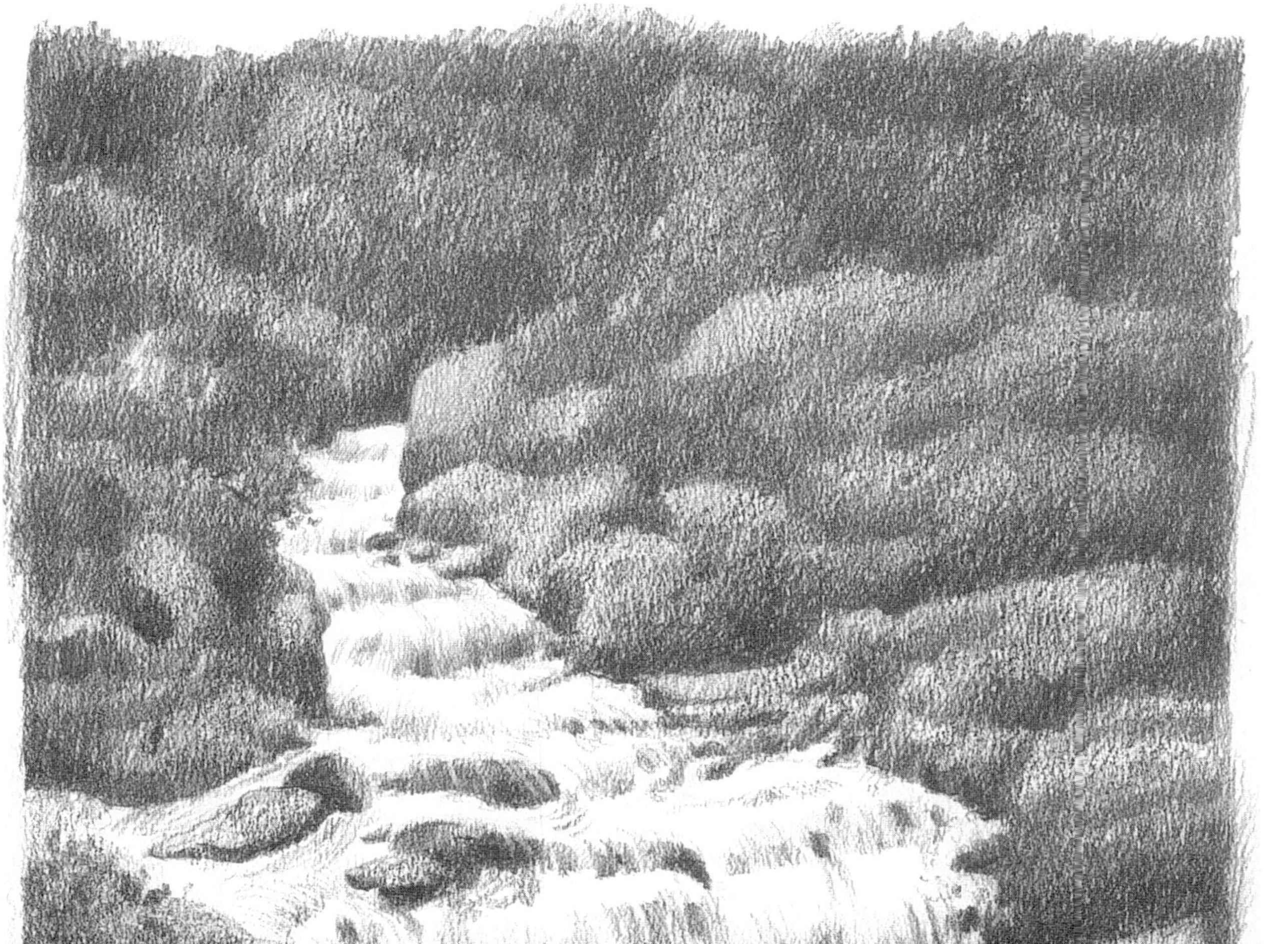

Petit torrent. Crayon sur papier de moyen grammage, 30 x 40 cm.

De petits traits de crayon dans le sens du courant suffisent à suggérer les petites cascades et le fracas de l'eau sur les rochers.

12 Les éléments du paysage — Arbres et végétation

Dans pratiquement tous vos dessins de paysages, vous serez amenés à dessiner des arbres, des bosquets, des fleurs. La végétation est un milieu extrêmement riche et diversifié exigeant du dessinateur une observation minutieuse s'il veut pouvoir la rendre de manière convaincante. Je me limiterai ici à quelques suggestions. Quand vous dessinez un arbre, observez-en tout d'abord l'aspect général, en particulier les contours (voir croquis ci-contre). Cherchez à saisir le mouvement du tronc et des principales branches, l'aspect de l'écorce et des feuilles. Ce sont ces éléments caractéristiques et distinctifs qui différencient les espèces d'arbres. Procédez par phases : 1) tracez le contour, 2) indiquez les principaux contrastes du feuillage, 3) dessinez-en les détails.

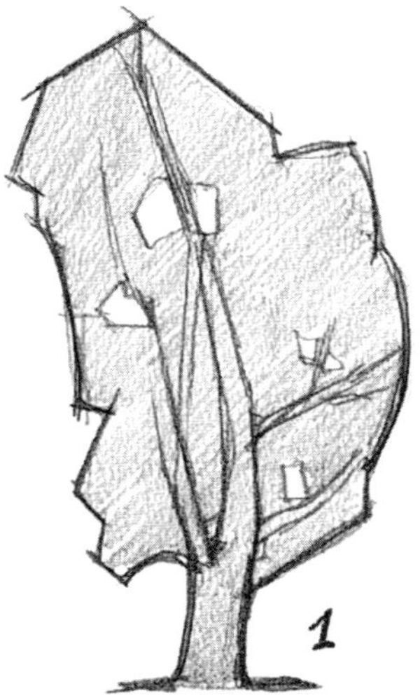

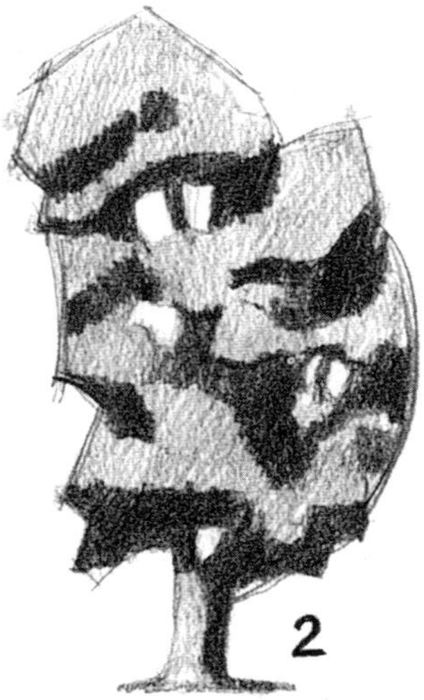

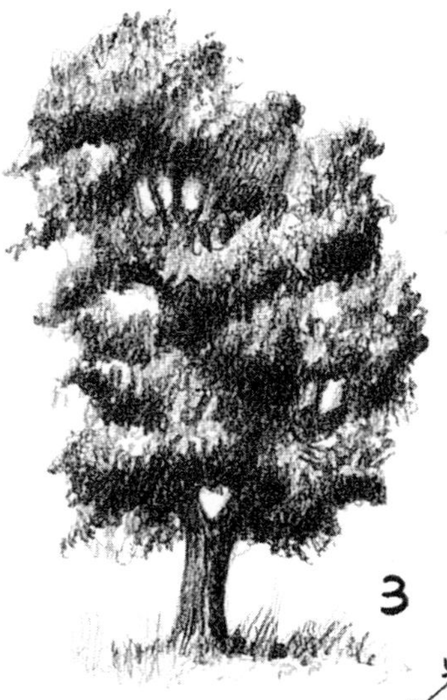

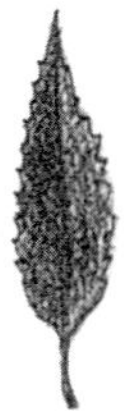

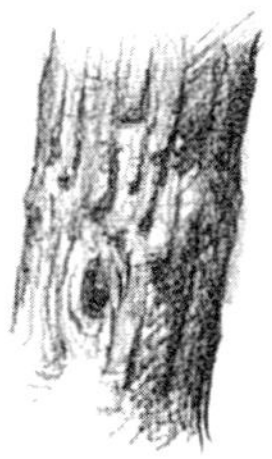

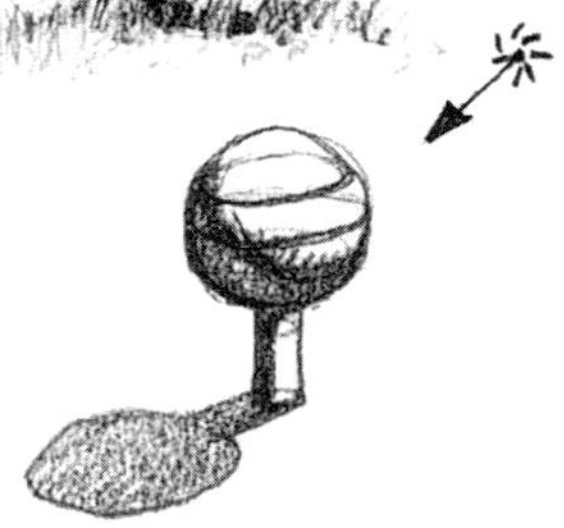

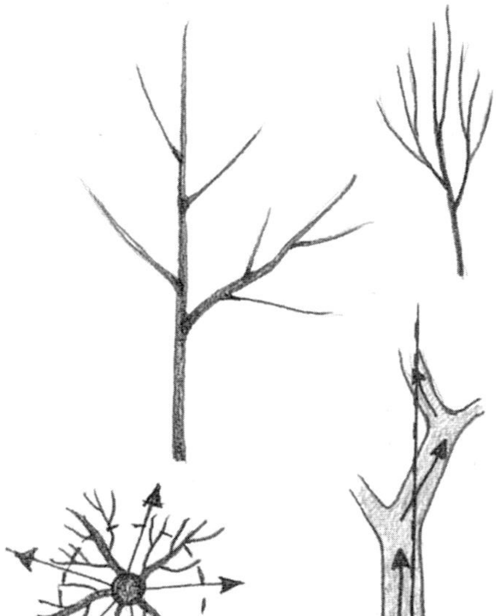

Ces croquis montrent certains types de ramification des arbres : la naissance des branches, l'alternance des ramifications, les directions dans lesquelles elles pointent, la forme de l'ensemble, conique ou au contraire sphérique. Évitez ainsi de représenter uniquement les silhouettes des arbres sans y apporter de profondeur, ou de traiter les feuilles comme un ensemble trop compact, car, dans la réalité, des rais de lumière transpercent et « trouent » la masse du feuillage.

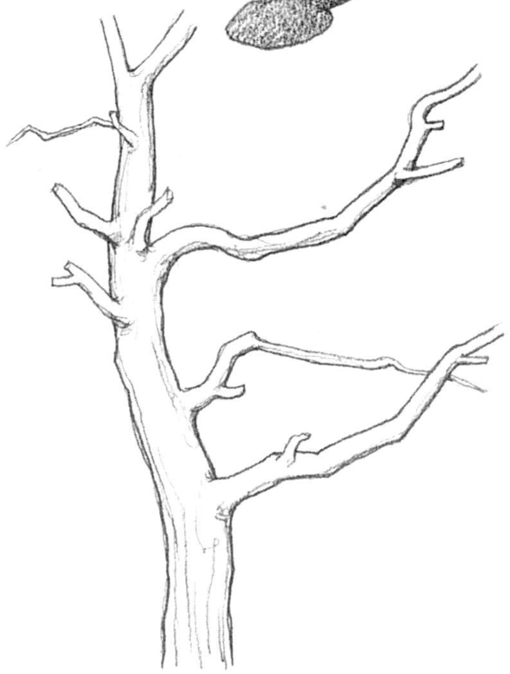

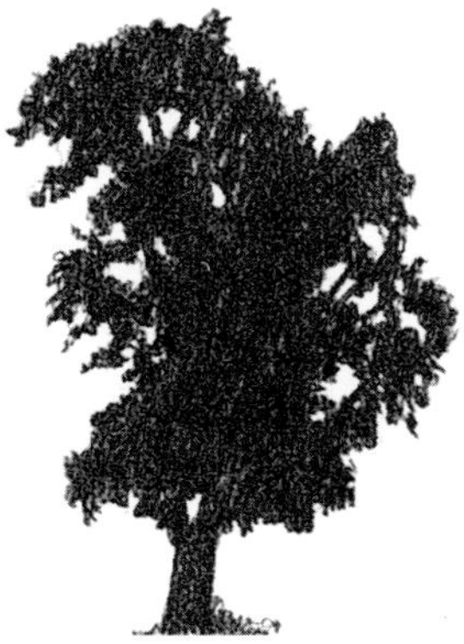

Châtaignier

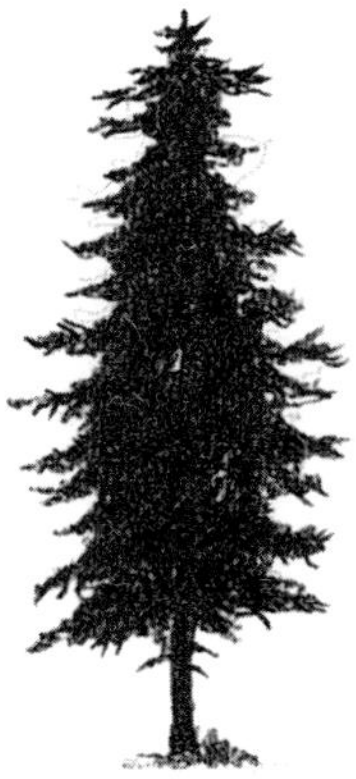

Sapin

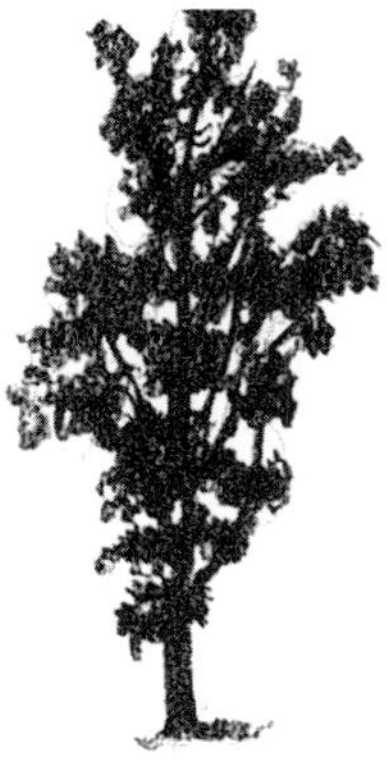

Frêne

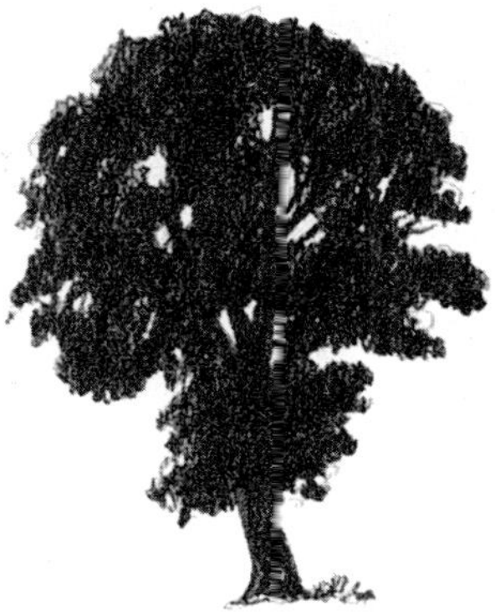

Hêtre

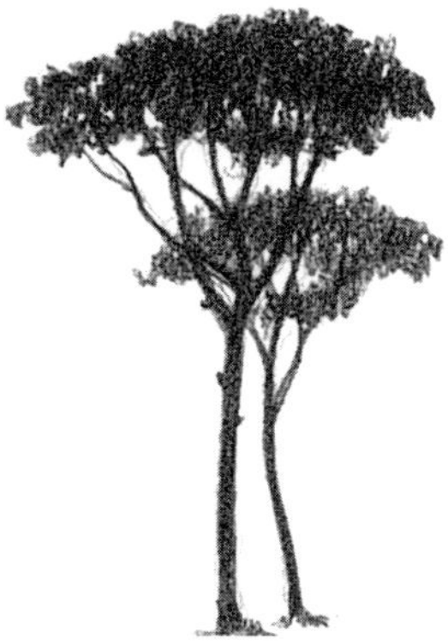

Pin

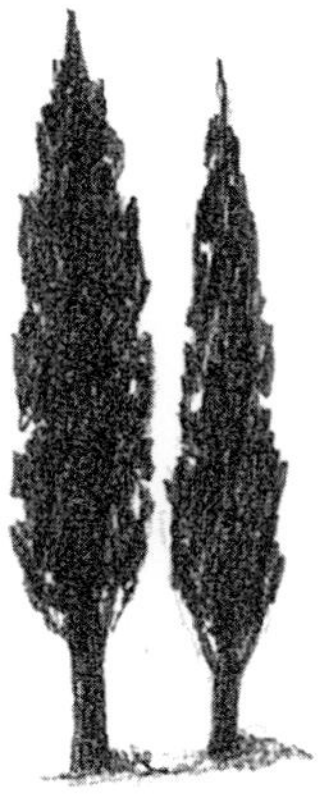

Cyprès

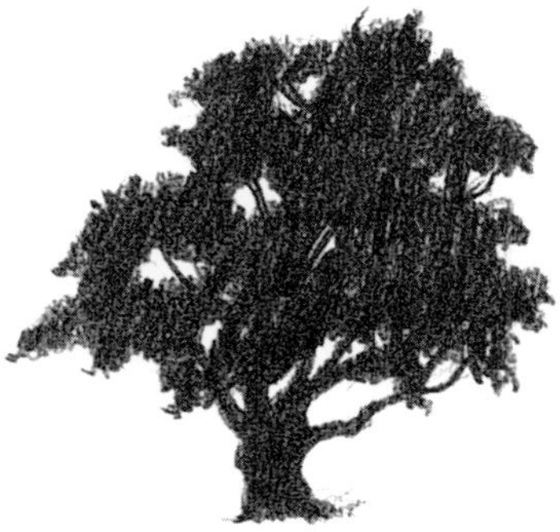

Chêne

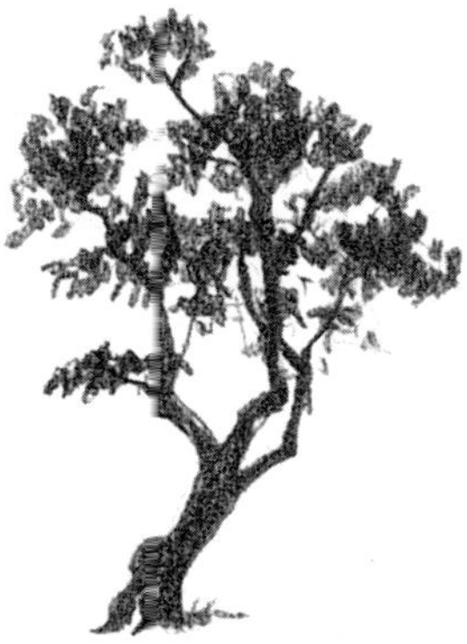

Olivier

Profil caractéristique de certains arbres parmi les plus courants.

Les deux photographies ci-dessous représentent le même arbre, pris en hiver sur l'une, donc sans aucune feuille, et au printemps sur l'autre. Comparez attentivement les deux images et voyez la transformation radicale que subit l'arbre d'une saison à l'autre.

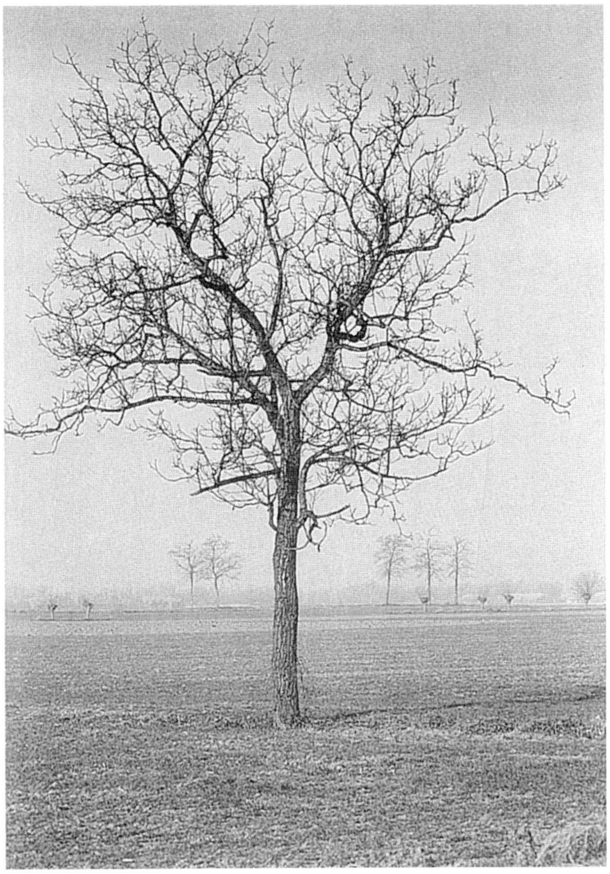

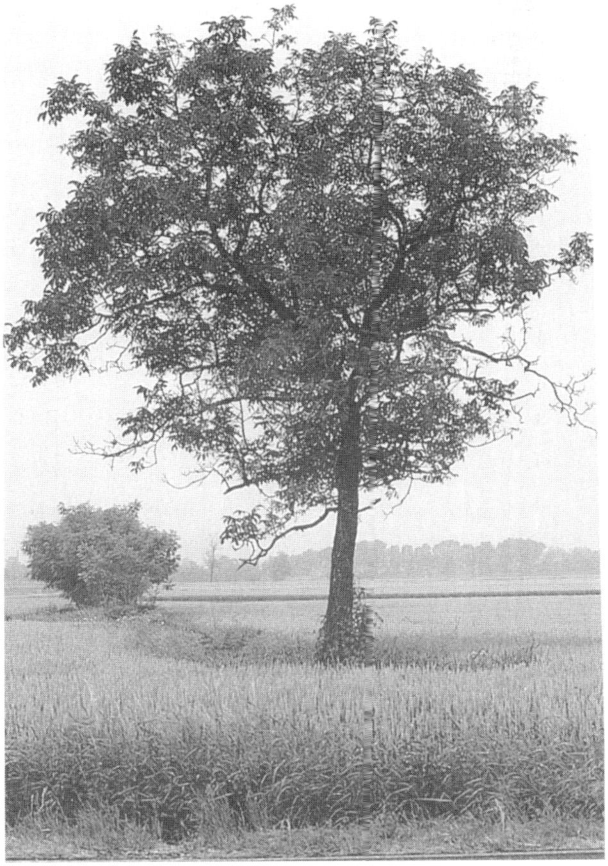

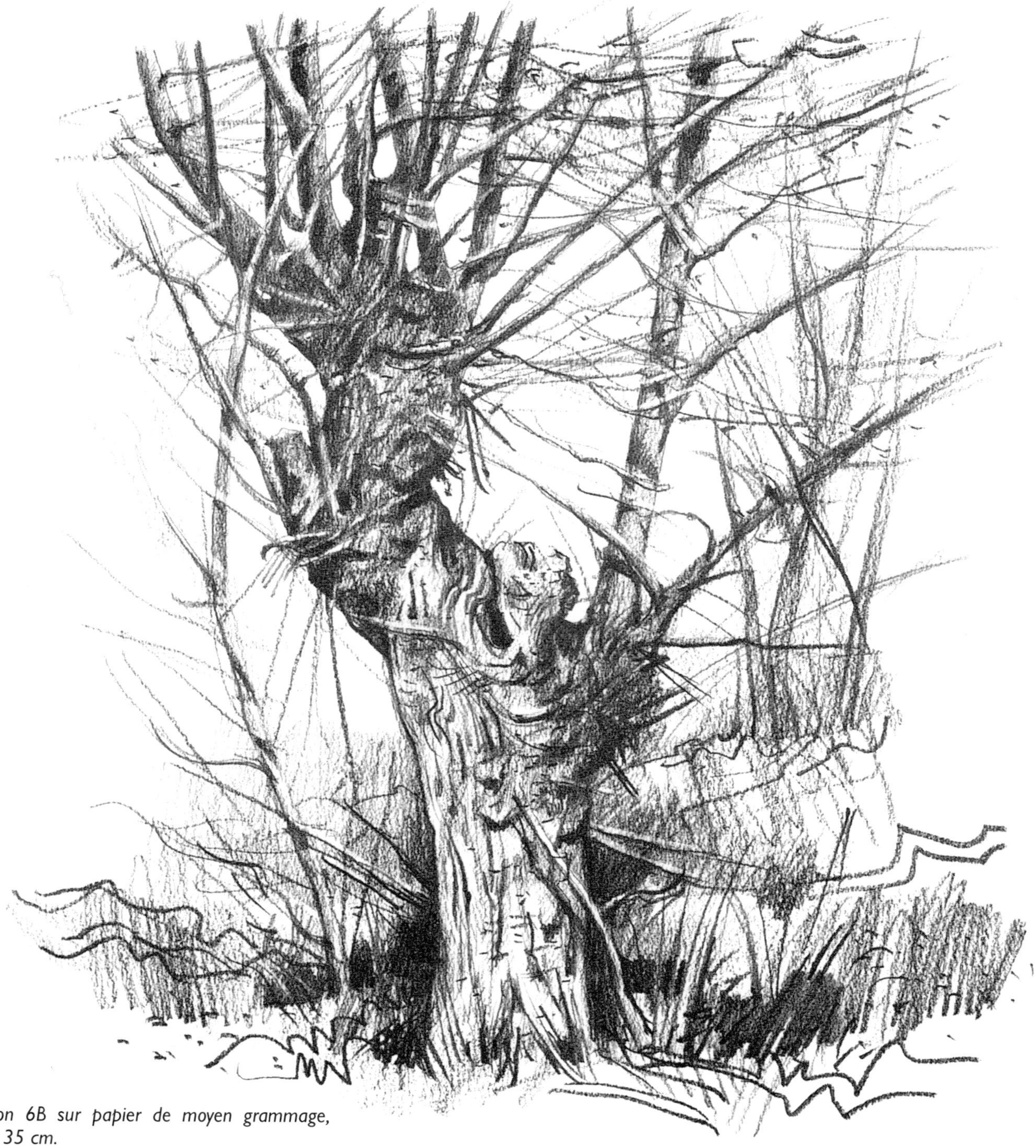

Crayon 6B sur papier de moyen grammage, 35 x 35 cm.

Les troncs sont de passionnants sujets de dessin. Attachez-vous à en faire ressortir la structure et le mouvement complexes, puis la matière de l'écorce. Utilisez des pointes grasses ou carrément le fusain.

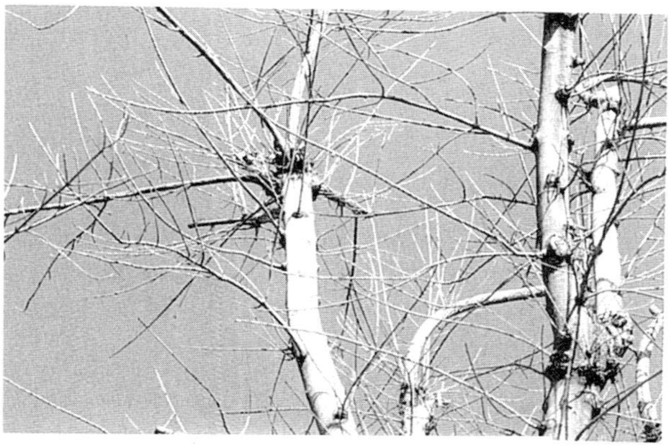

Les troncs et les branches peuvent suggérer des compositions quasi abstraites.

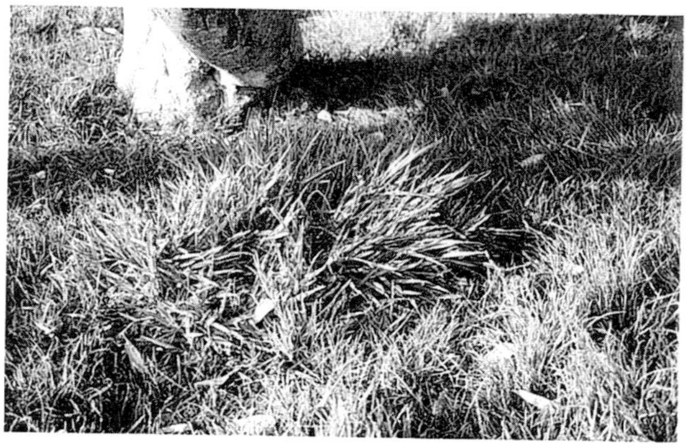

Herbes.

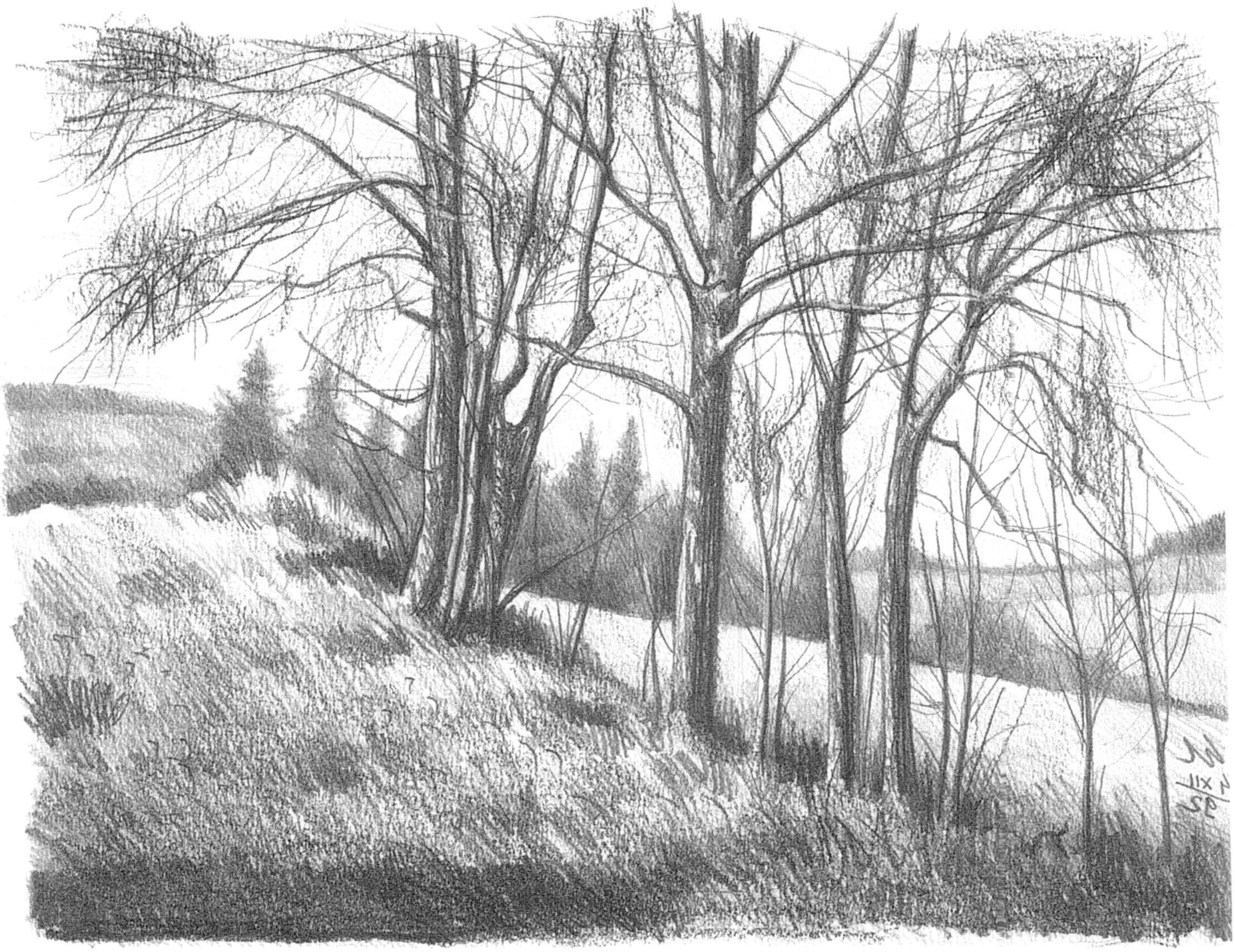

Arbres à l'orée du bois. Crayon sur papier, 25 x 30 cm.

Comparez le dessin avec la photographie ci-dessous montrant le même sujet vu sous un autre angle.

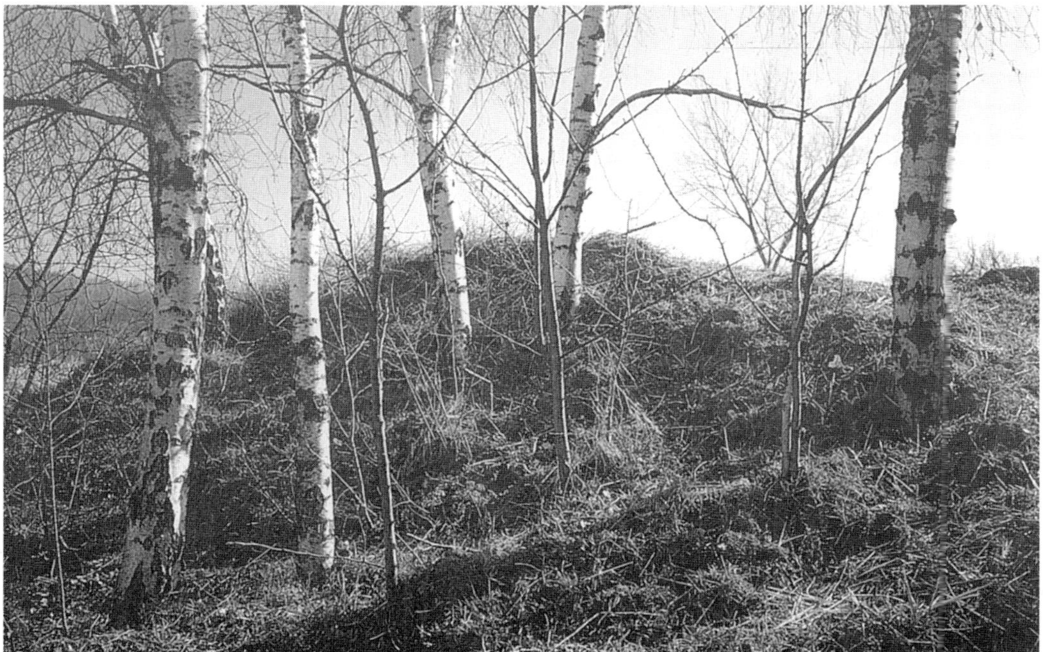

13

Les éléments du paysage

Édifices et constructions

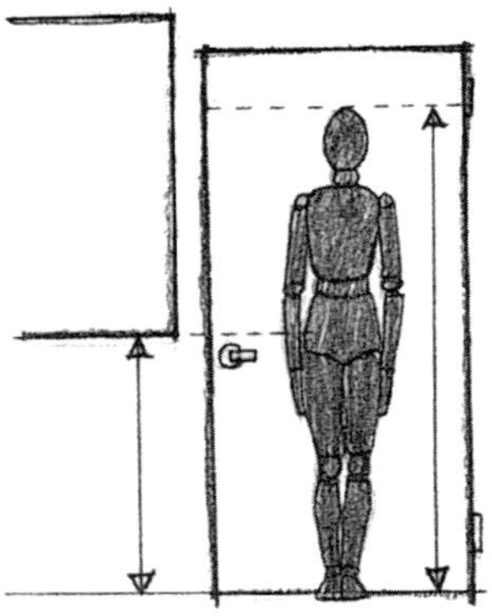

Il est rare qu'un paysage n'offre à la vue aucune construction humaine. Maisons, ponts, rues, voies et moyens de transports ou encore matériel agricole... Il vous arrivera fréquemment de devoir insérer ces éléments à votre dessin. Commencez par un simple croquis perspectif, ne montrant que l'essentiel tout en restant précis, afin de donner du relief aux architectures et aux scènes urbaines. Les édifices vus au loin devront être traités comme de larges masses sans beaucoup de détails, tandis que les constructions de premier plan devront être dessinées avec précision. Pour les maisons situées en ville, vous devrez prendre en compte les proportions relatives de l'homme par rapport à l'édifice. Les schémas ci-contre indiquent les rapports de hauteur entre l'homme et la porte, la fenêtre, et tout le plan de la maison.

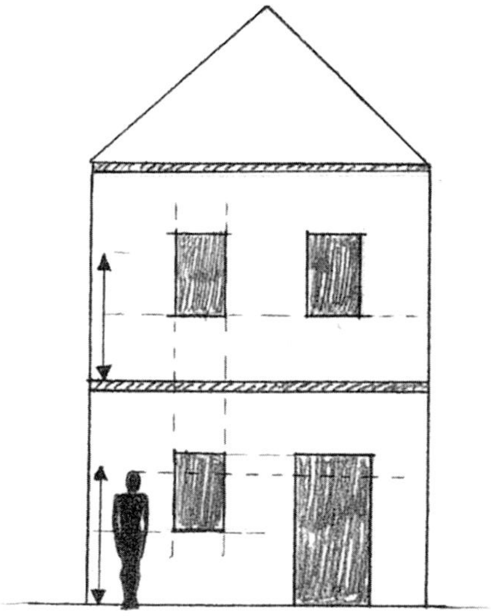

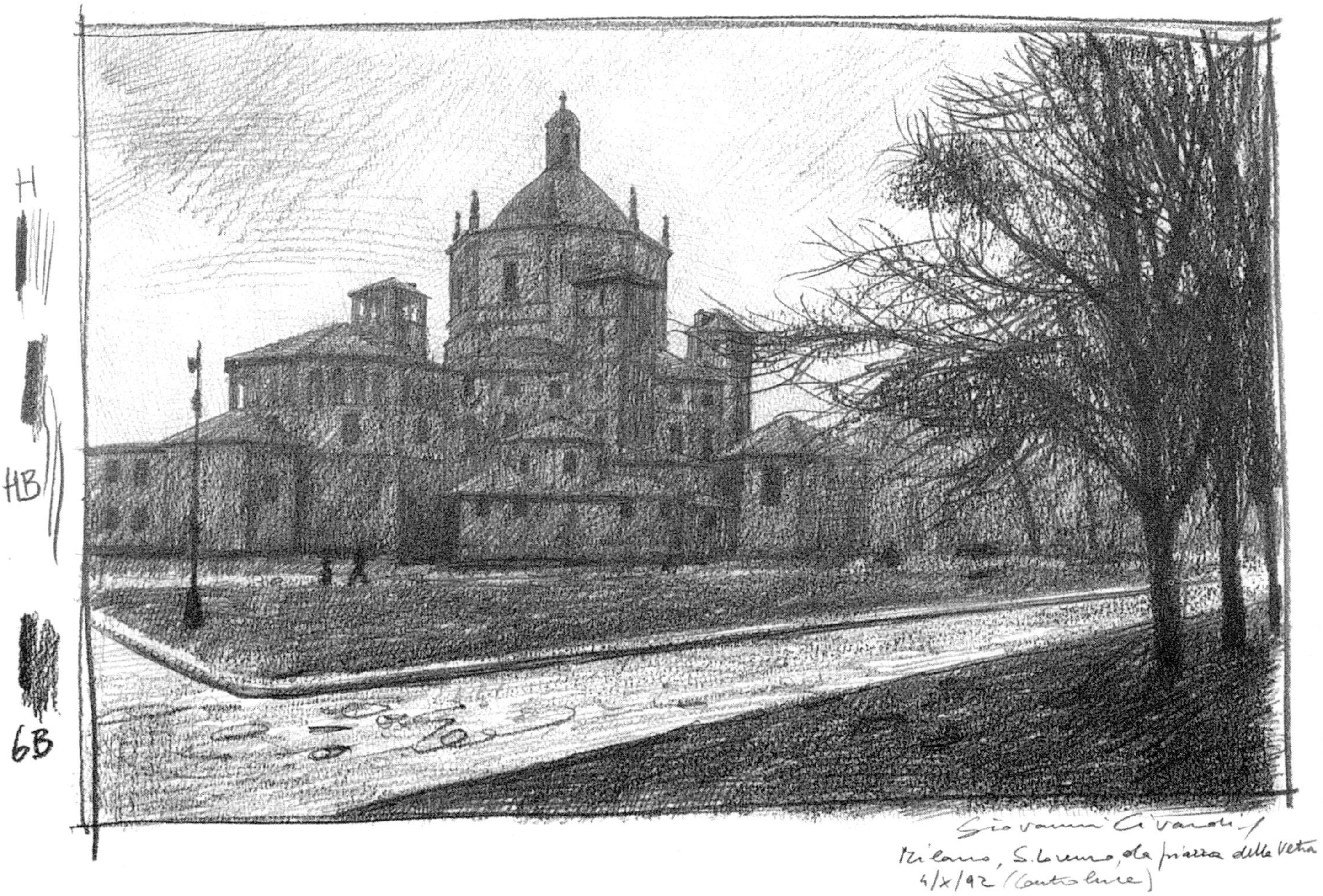

Entraînez-vous à dessiner de près les détails architecturaux. C'est un bon exercice pour comprendre les techniques de construction et observer les caractéristiques des différents matériaux (bois, brique, métal, pierre, etc.).

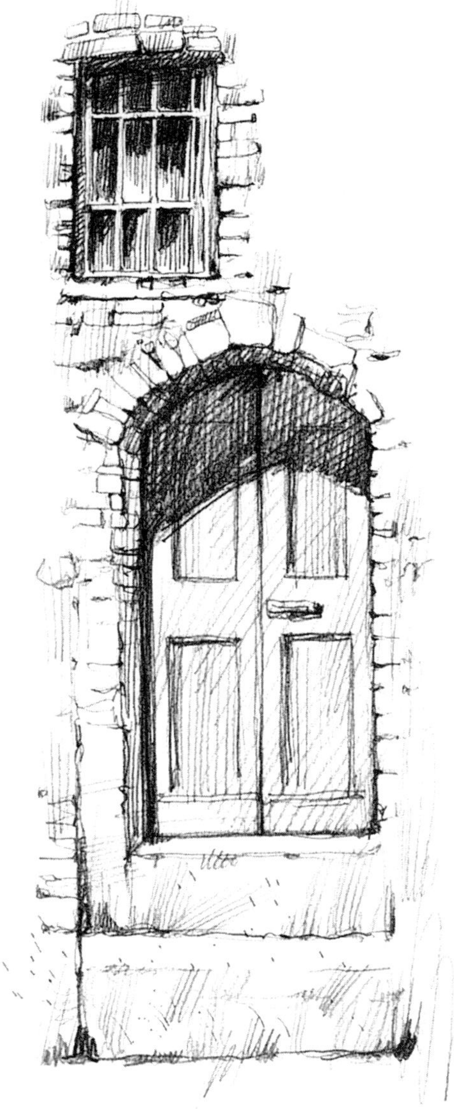

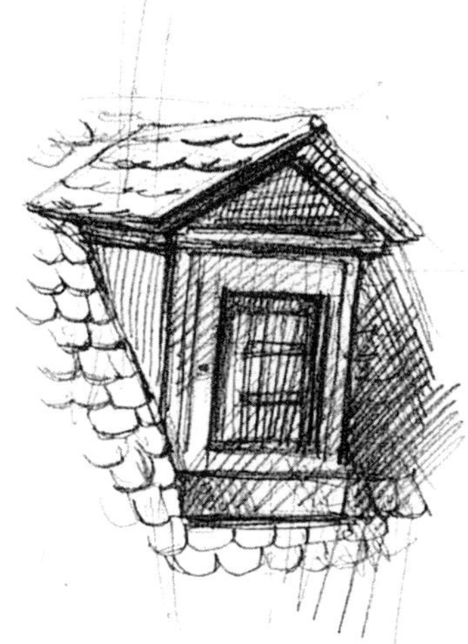

Lucarne

Porte et petite fenêtre d'une vieille maison toscane. La fenêtre semble placée dans un endroit improbable, et pourtant, sa situation est tout à fait justifiée : il s'agit en effet d'une ouverture placée dans une montée d'escalier. Essayez de retrouver des détails de ce genre et étudiez-les minutieusement. On les rencontre fréquemment sur des façades d'anciennes maisons rurales.

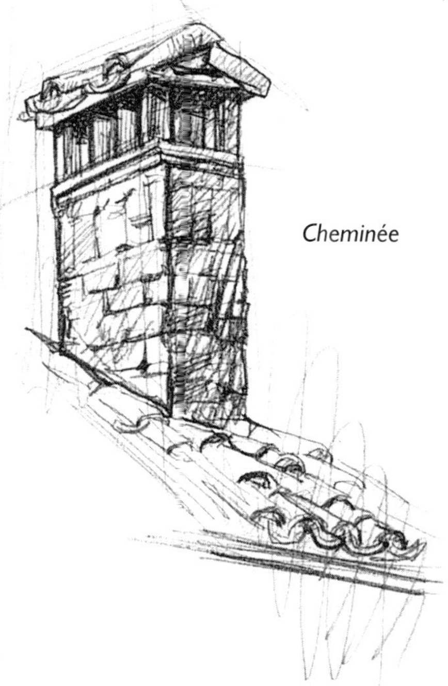

Cheminée

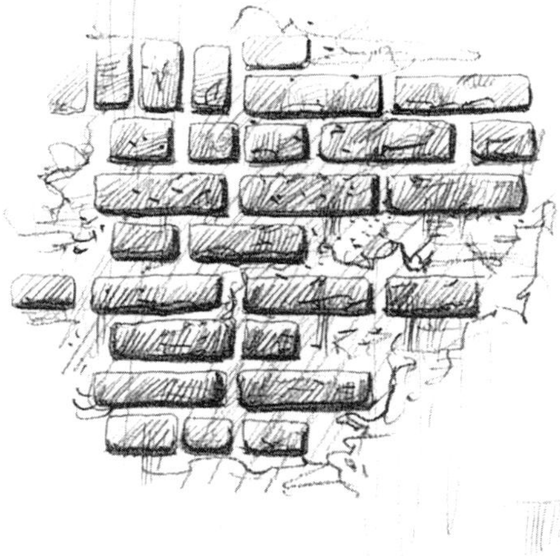

Mur en brique

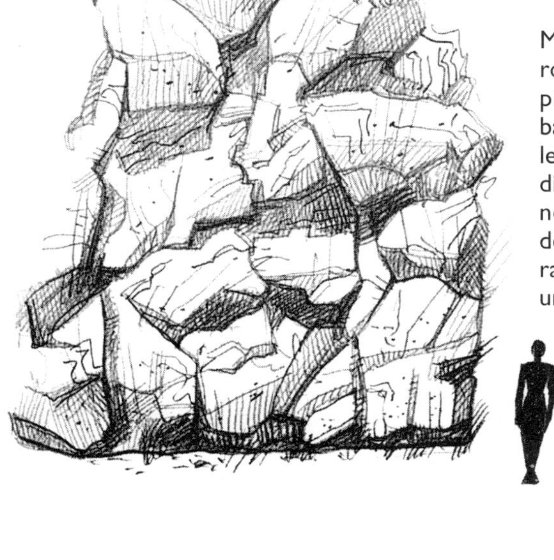

Muraille taillée dans la roche et muret en pierre. La matière de base est la même, mais les dimensions sont bien différentes. Il est souvent nécessaire d'introduire des éléments de comparaison dans le dessin (ici, un homme et une fleur).

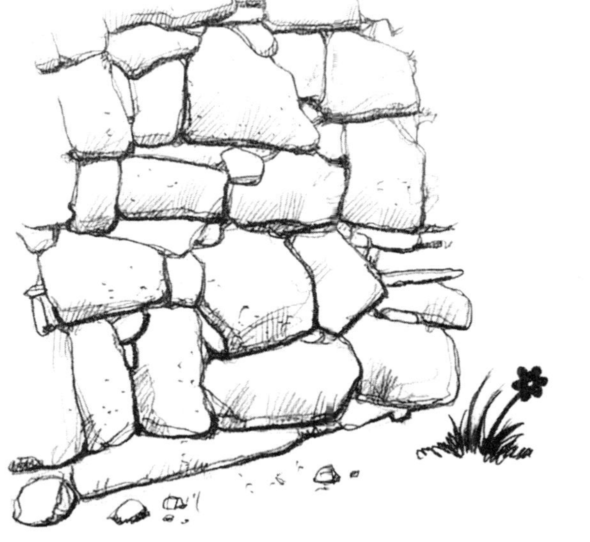

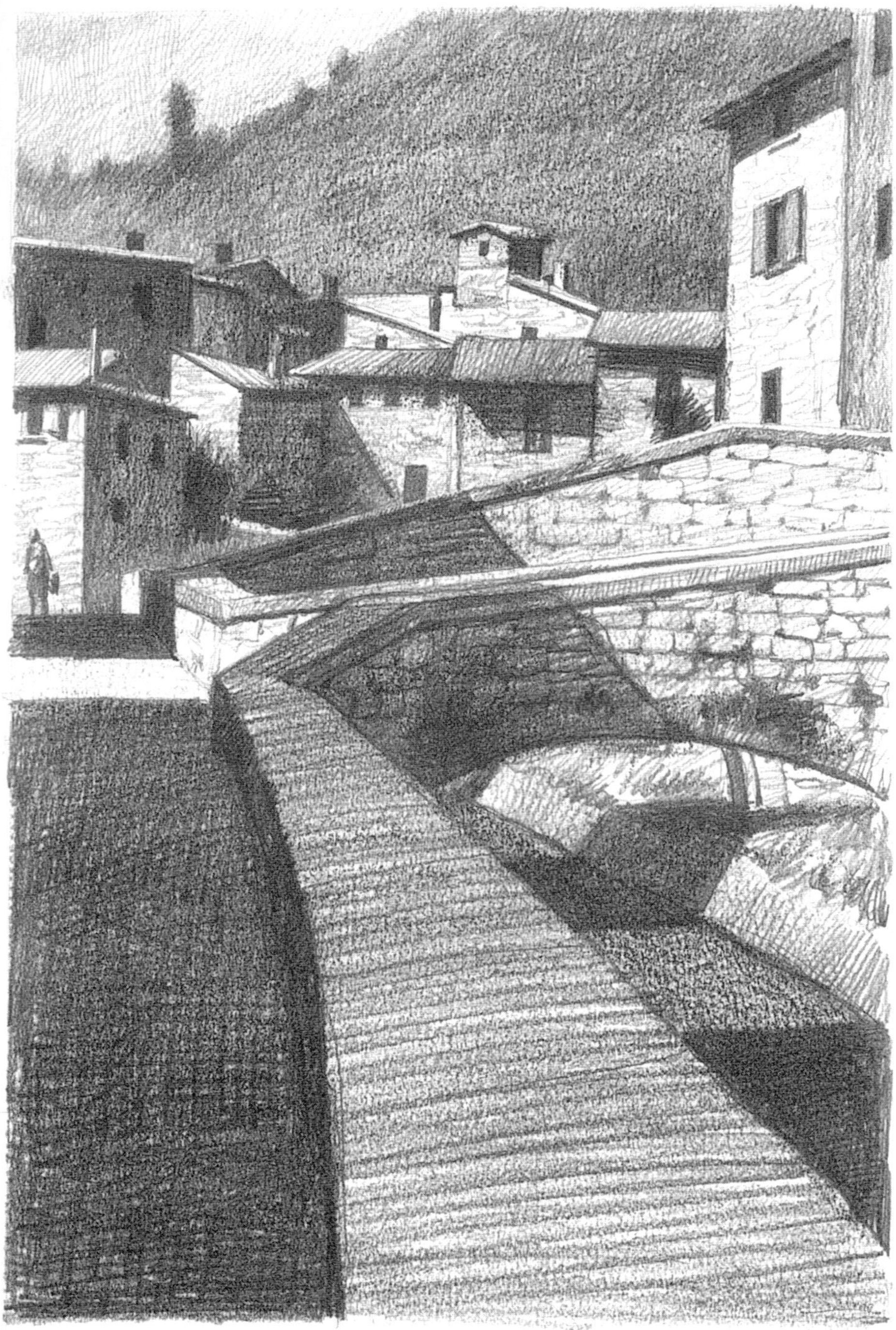

C'est dans les collines toscanes que j'ai réalisé cette petite étude au crayon. J'ai été attiré par l'insolite raccourci de perspective. Les éléments architecturaux sont subordonnés au rythme donné par les maisons, à l'alternance des parties ensoleillées et des parties d'ombre. Les collines aperçues dans le fond ont été estompées d'un simple frottement du doigt sur les traits, tandis que les autres plans ont été représentés de plus en plus nettement au fur et à mesure que l'on se rapproche du premier plan. Le mur du petit pont montre l'appareil des pierres juxtaposées, mais ces détails n'ont été que suggérés sur les murs des maisons situées en arrière-plan. Utilisez une pointe grasse et faites des hachures plus ou moins serrées pour des ombres plus ou moins sombres.

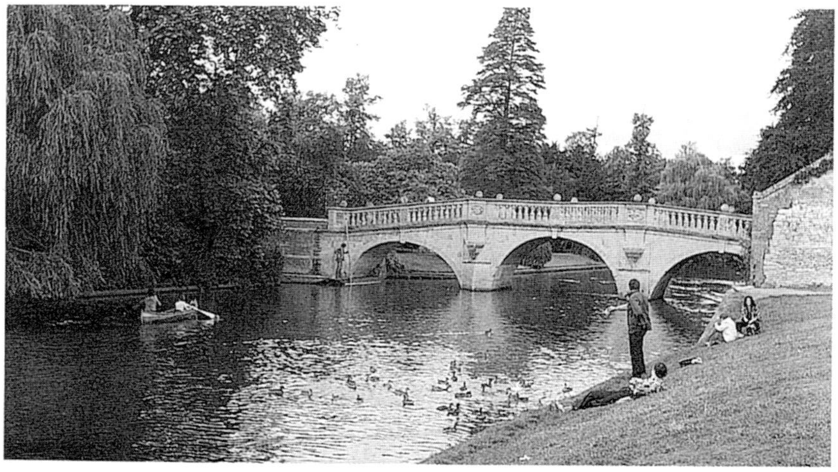

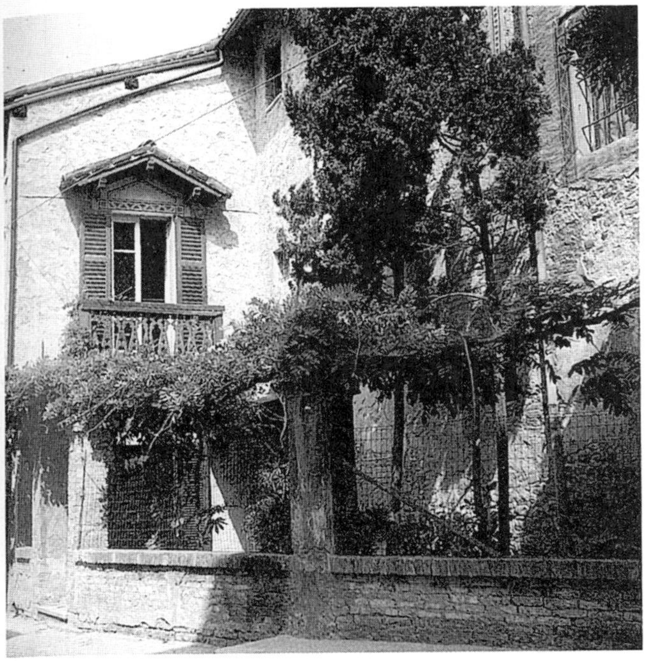

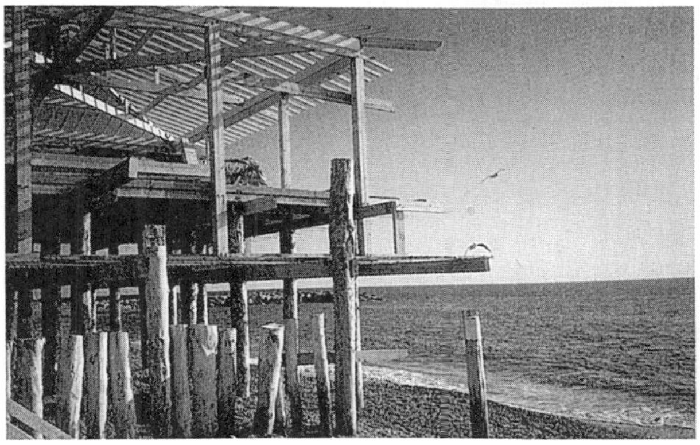

Durant vos promenades à la recherche de paysages urbains intéressants, prenez quelques vues photographiques, mais, surtout, faites beaucoup d'esquisses.

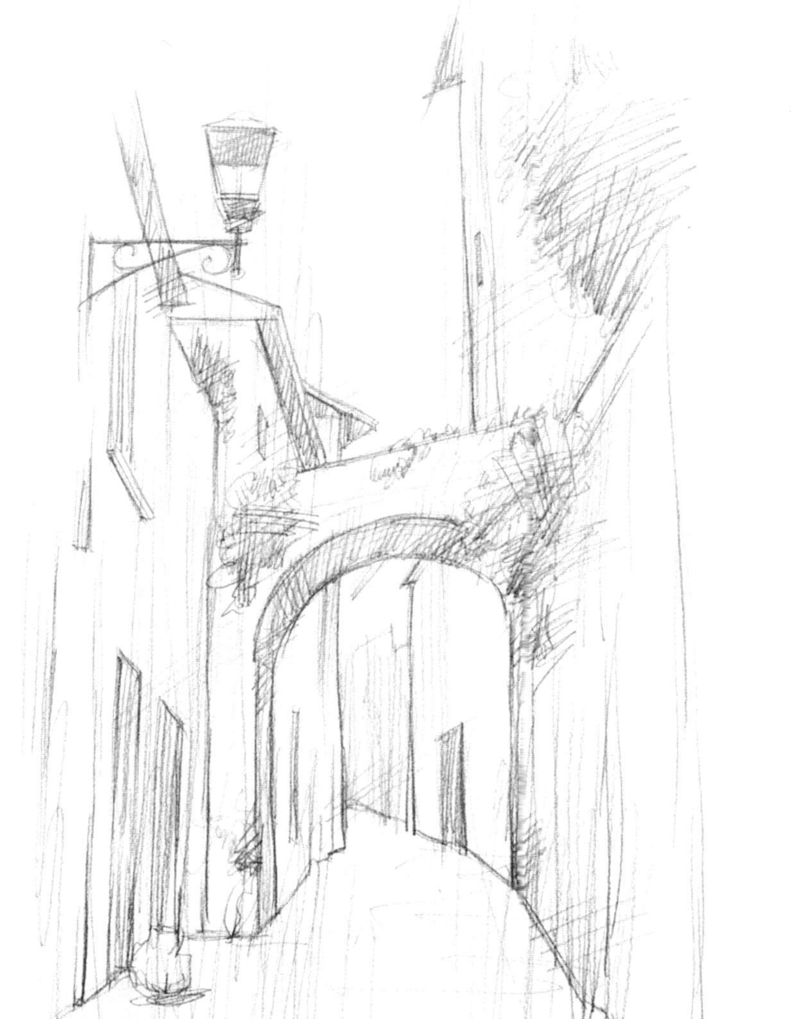

Les éléments du paysage

Nuages et ciels

Forme, consistance et disposition des nuages changent fréquemment. C'est pourquoi seule une observation attentive des conditions naturelles peut suggérer leur représentation de manière convaincante. Les dessins proposés ici vous aideront à reconnaître les nuages et à déceler leurs spécificités, afin de bien les dessiner. Utilisez une pointe grasse, gardez toujours une bonne pression sur le crayon et tracez directement les fondus. Ne les estompez pas, à moins de rechercher volontairement certains effets de brume ou d'atmosphère nébuleuse, car il vaut toujours mieux donner aux nuages une certaine structure volumétrique.

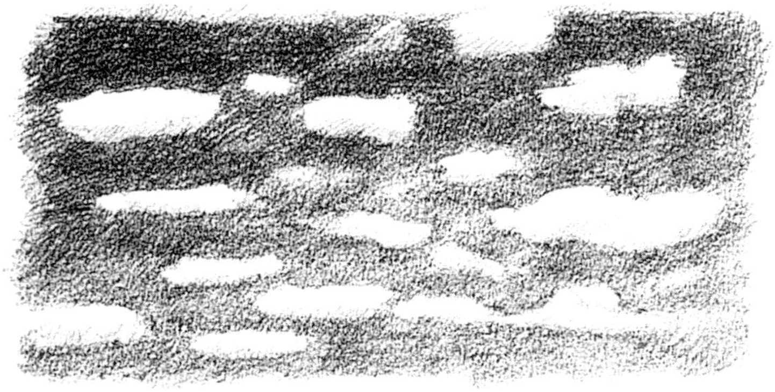

Cirrus : aspect de « filament » ou encore « de flocon ». On les rencontre en haute altitude.

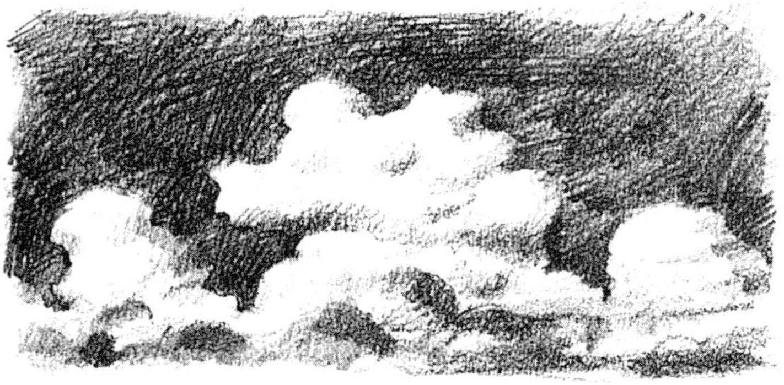

Cumulus : masses aux protubérances arrondies et se recouvrant les unes les autres. Se rencontrent à une altitude peu élevée.

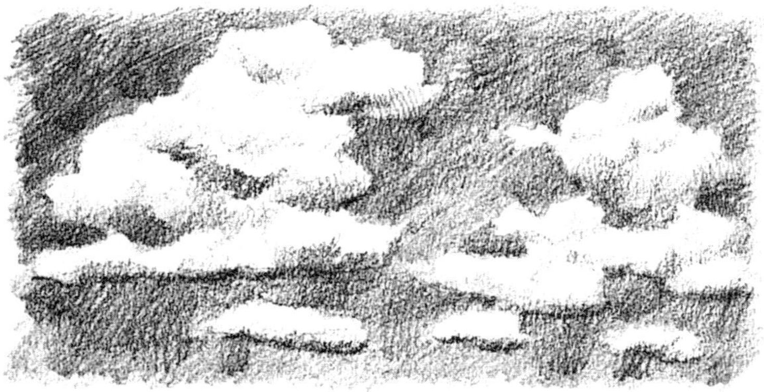

Nimbo-stratus : formations très denses aux contours dentelés, très haut placées dans le ciel et sombres. Apparaissent à basse altitude.

Stratus : d'aspect délicat et de forme mince, plutôt allongée. Ils restent toujours bas dans le ciel.

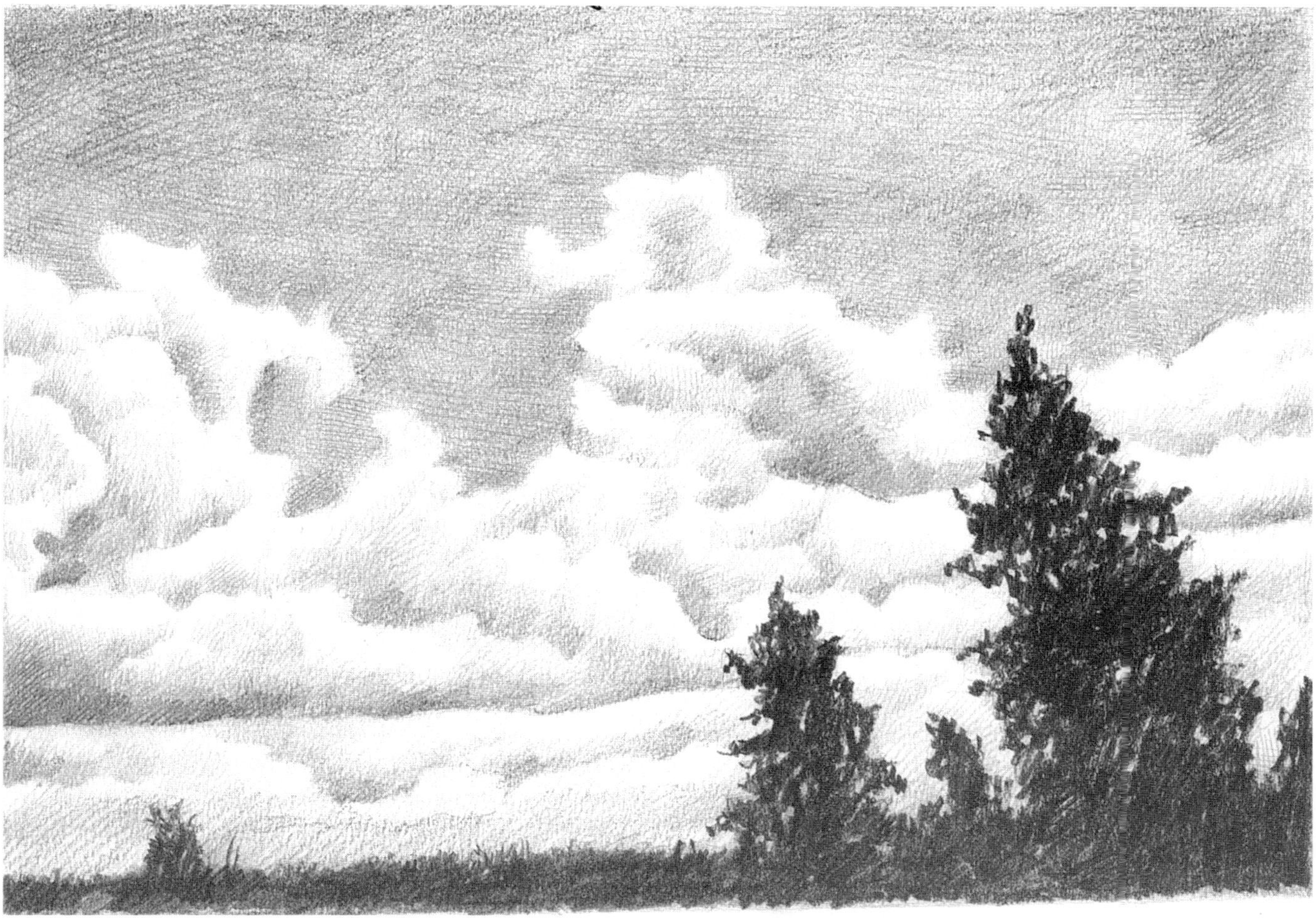

Cette étude de ciel nuageux est fondée en partie sur des photographies, mais aussi sur de nombreuses esquisses d'après nature. Elle fait ressortir le contraste de tons entre le premier plan, sombre et boisé, et l'arrière-plan très lumineux du ciel. *Crayon 4B sur papier, 25 x 35 cm.*

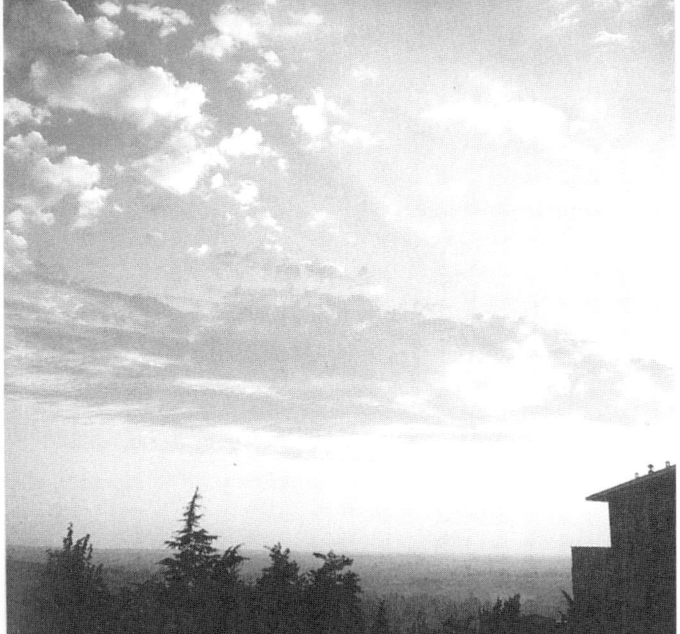

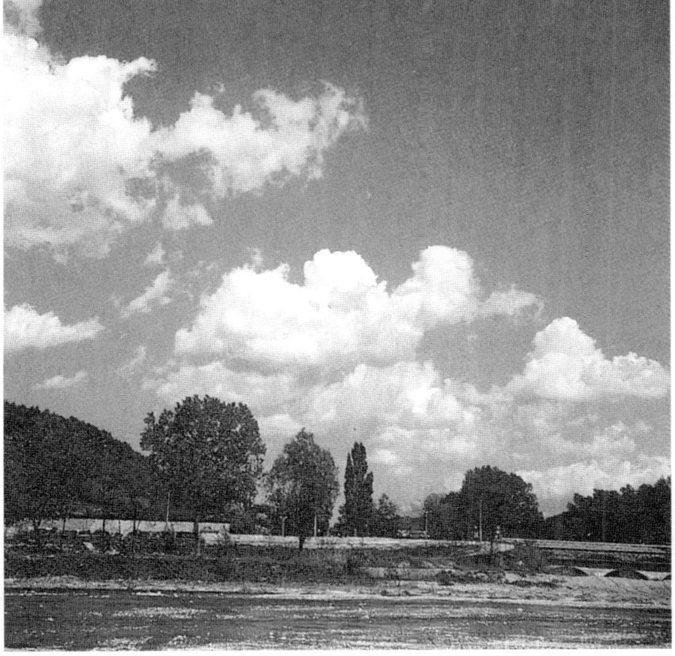

15 Carnets de voyages

J'ai déjà eu l'occasion de souligner l'importance des petites esquisses d'après nature, lors de vos voyages et explorations à la recherche de sujets de paysage. Je rappelle aussi que si le dessin, y compris les rapides esquisses, reste irremplaçable dans le travail d'artiste, la photographie a aussi son utilité, car elle permet de se constituer une bonne documentation et de capturer des impressions fugaces. Ne négligez donc pas la photo ; prenez même autant de clichés qu'il vous sera possible en cherchant à préfigurer le futur dessin par un choix mûri du point de vue et de la composition.

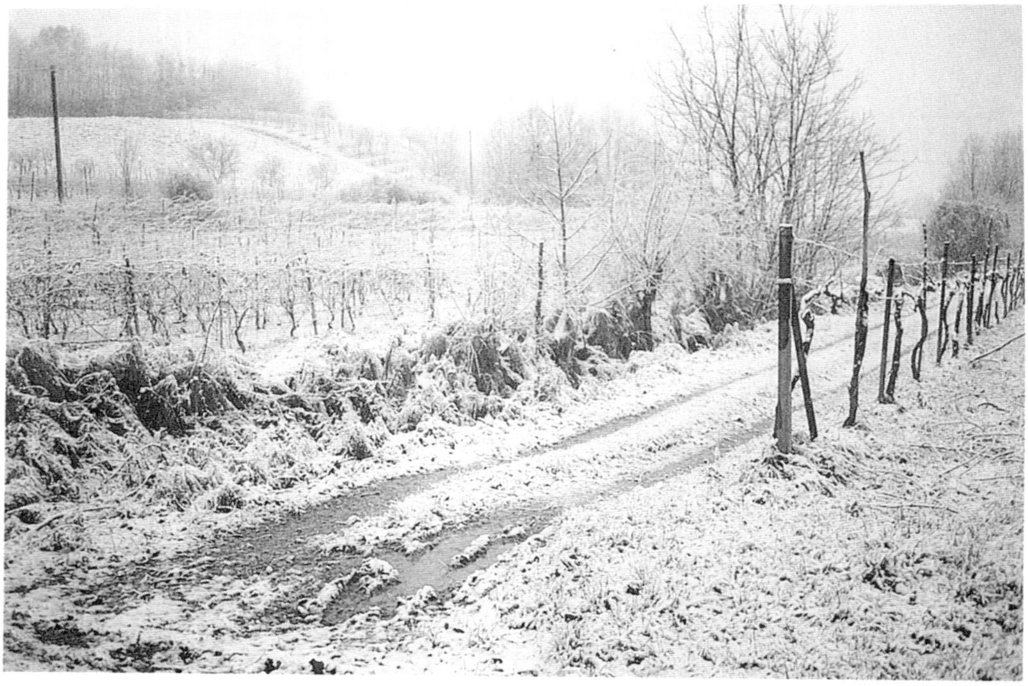

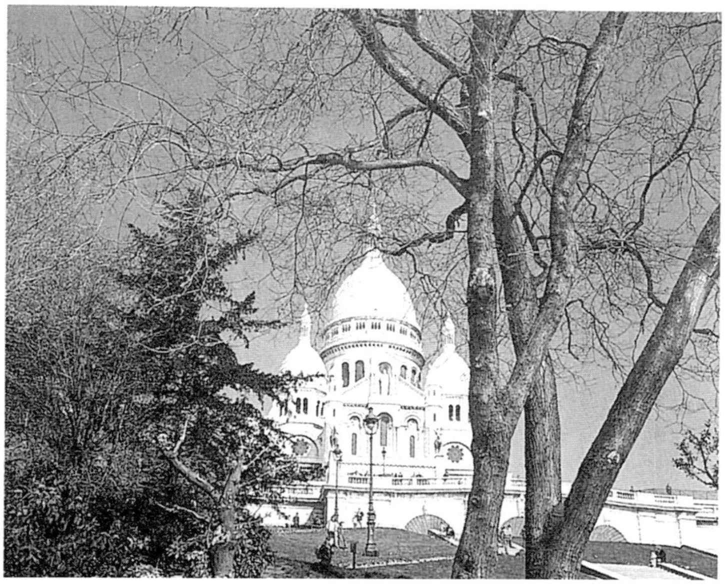

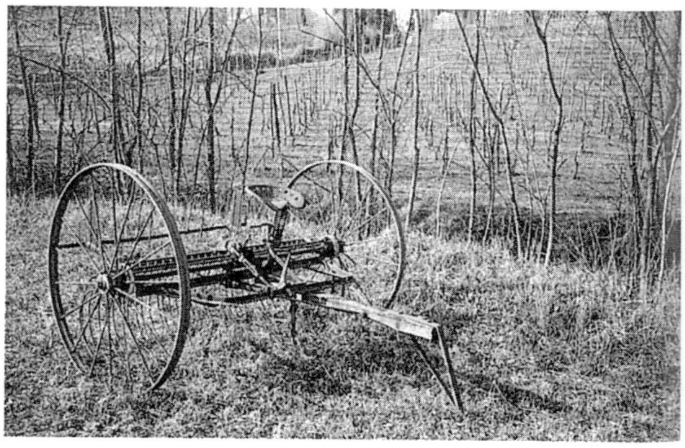

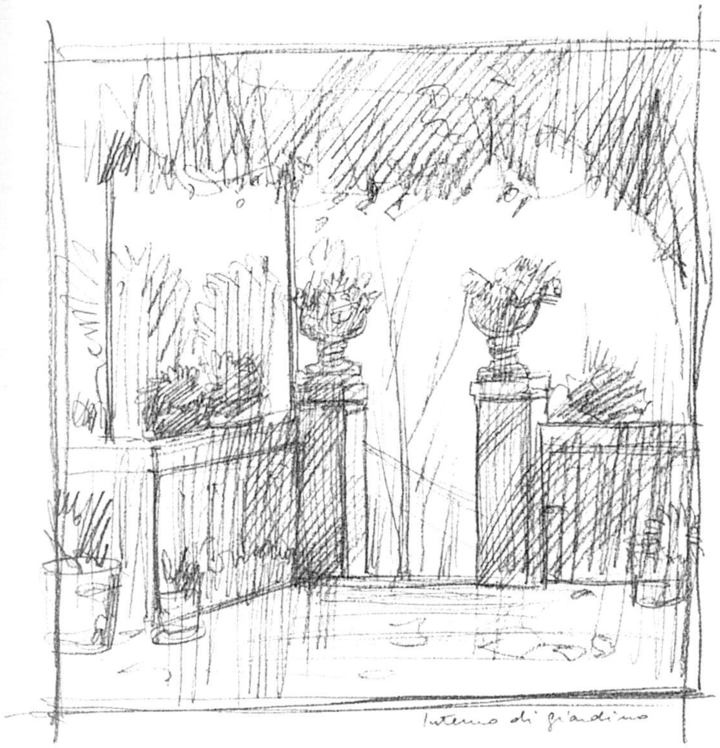

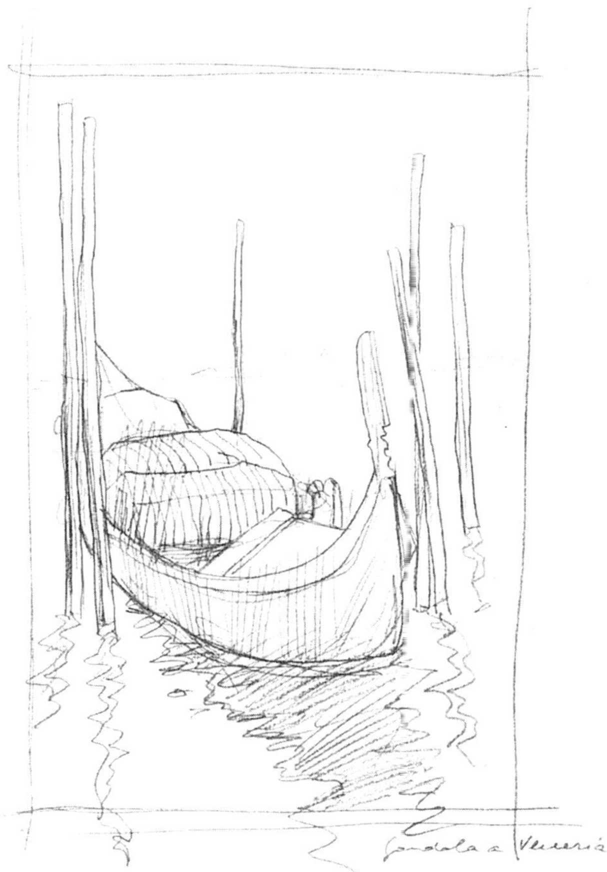

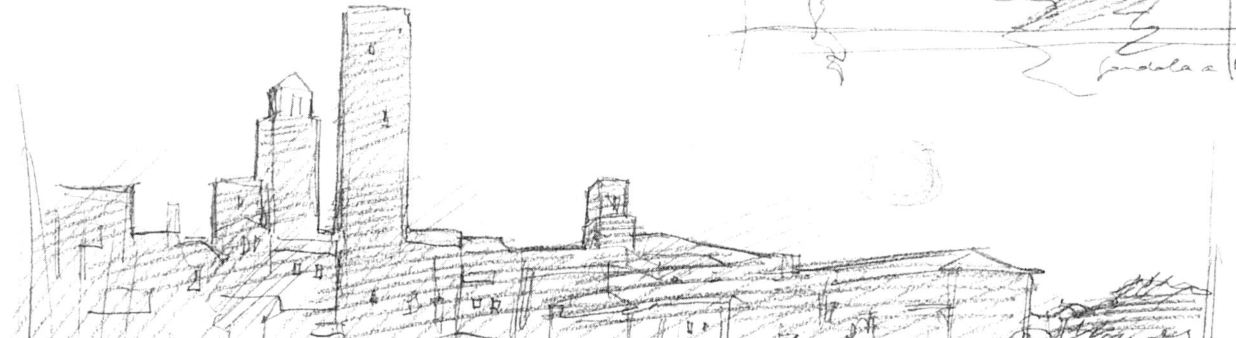

Les dessins et photographies que vous voyez ici proviennent de mes archives d' « annotations visuelles », où j'ai rassemblé, au fil des ans, un vaste répertoire de thèmes et de sujets, tous autour du genre du paysage, qu'il s'agisse de « marines » ou, plus généralement, de nature.

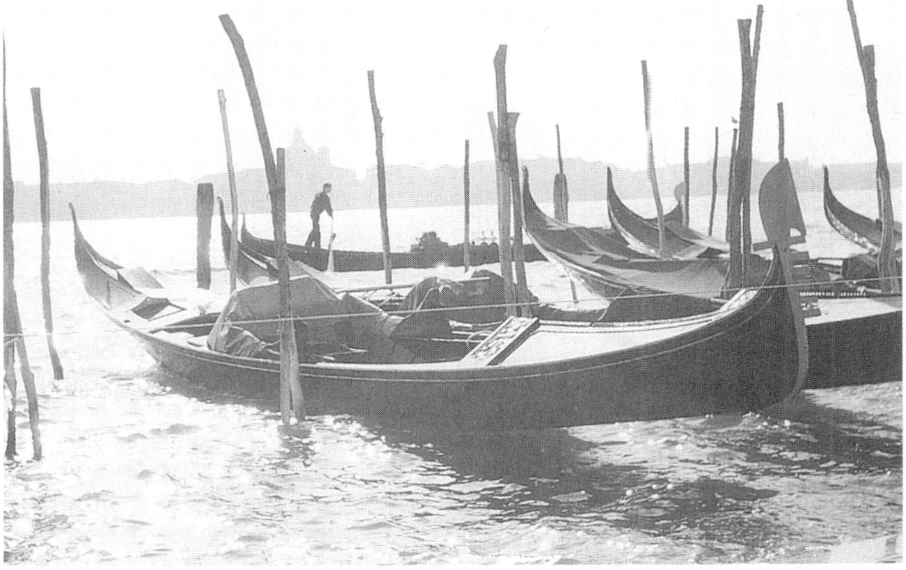

16 *Paysage et sujet vivant*

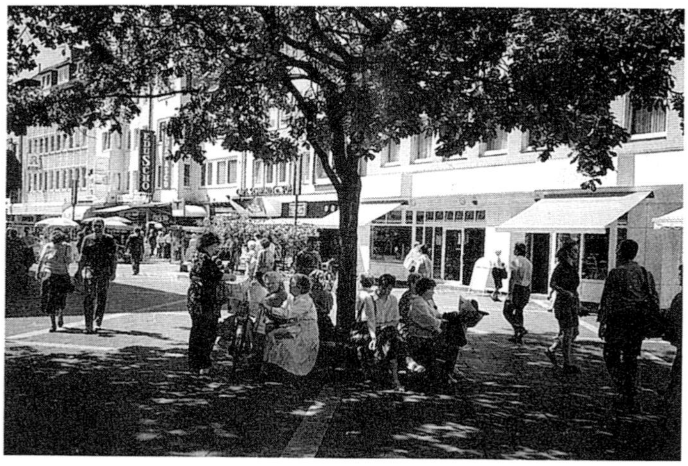

Dessiner le paysage signifie aussi représenter le milieu qui vous entoure, les scènes de vie commune et, ainsi, introduire la figure humaine ou animale. D'autres ouvrages de cette même collection traitent ou traiteront de ce thème en particulier, un sujet passionnant, vaste et complexe. Mais pour ce qui nous préoccupe en matière de paysage, soyez rassuré : les êtres vivants demandent à peine plus d'attention que les autres éléments scéniques. On s'attache surtout à rendre un bon rapport de proportion (la hauteur totale d'un être humain correspond environ à sept fois et demie la hauteur de sa tête), l'aspect général et l'attitude gestuelle du sujet.

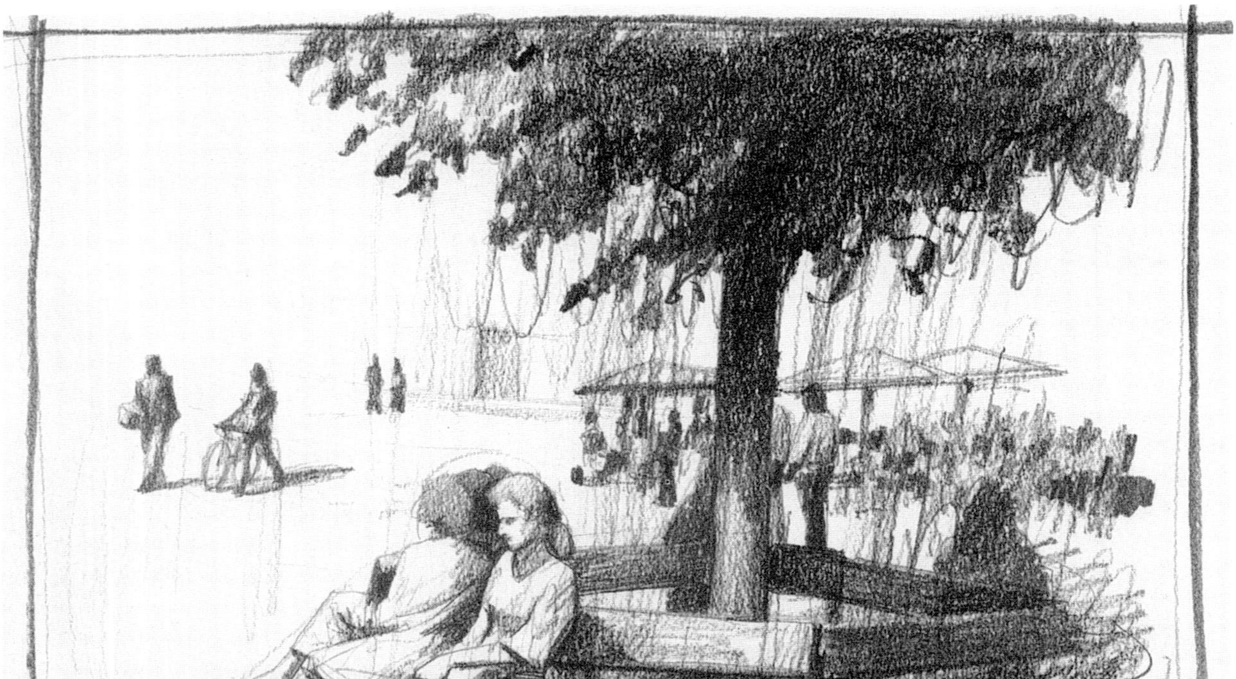

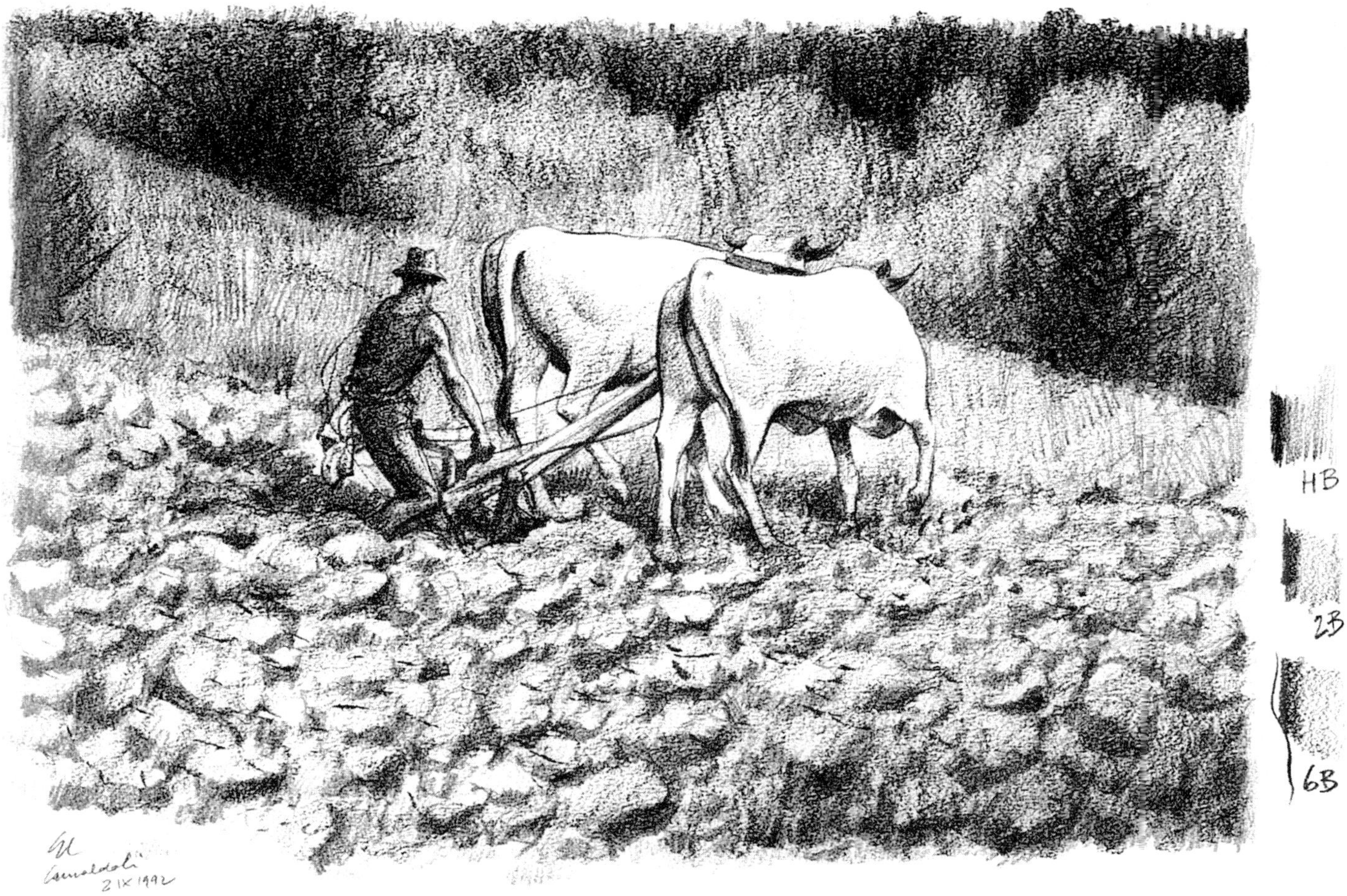

Même dans les cas où se présente la nécessité de dessiner des figures à l'intérieur du paysage, vous pouvez, au moins au début, simplifier le problème en vous référant à une bonne photographie. Commencez par un dessin précis, peut-être en vous aidant d'un quadrillage, et utilisez des crayons à mine dure sur du papier de dimensions pas trop grandes. Quand vous aurez acquis une certaine maîtrise de ces exercices, vous pourrez passer graduellement aux études d'après nature. À chaque dessin de cette page, dessins dont l'exécution a été rapide, correspond une photographie présentant un sujet analogue traité avec beaucoup de détails. Dans la composition du dessin, ces détails s'avèrent le plus souvent accessoires, voire superflus.

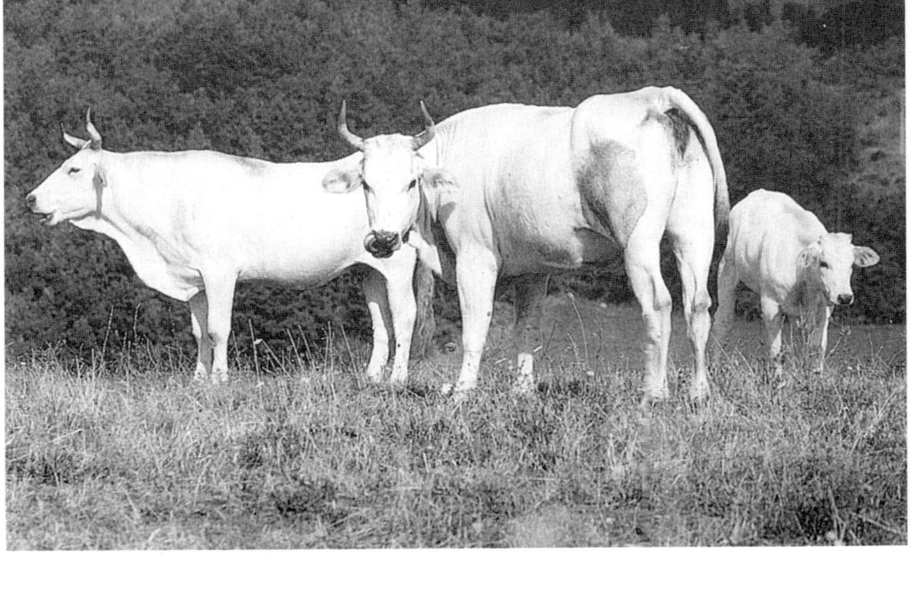

17 Plaine et colline

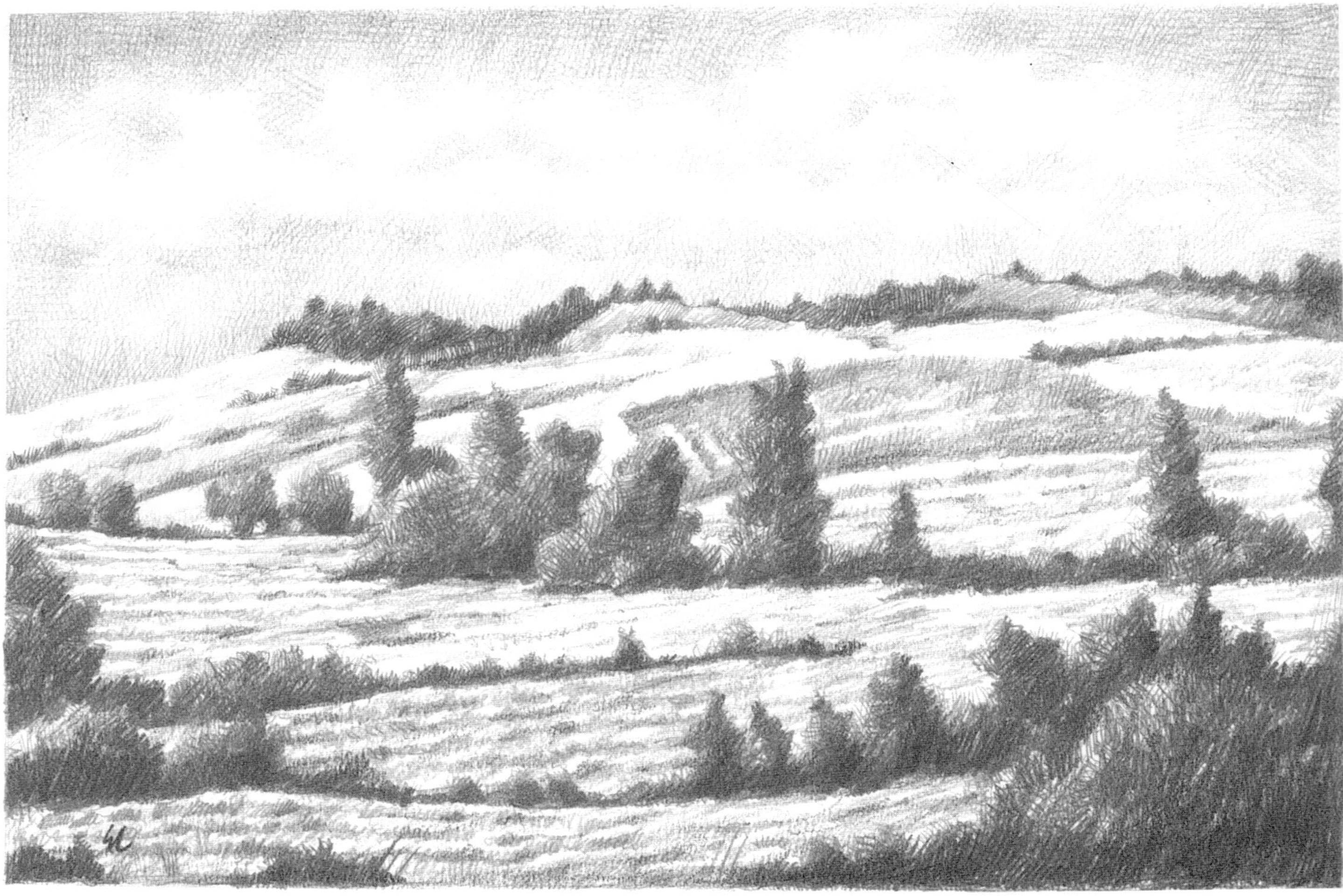

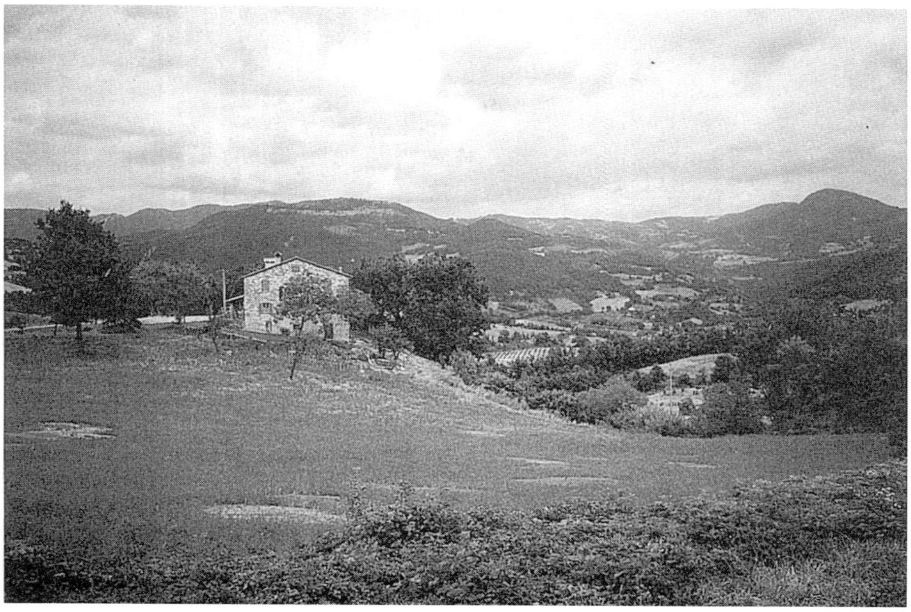

La plaine et ses grands espaces, les collines aux douces déclivités, ont toujours inspiré à l'artiste comme à l'observateur attentif un sentiment de quiétude tout en évoquant l'activité humaine. Les paysages, plus que d'autres thèmes, portent en quelque sorte la « signature » de l'homme, à travers la culture de la terre. Sur vos dessins, cherchez à représenter les aspects ruraux les plus caractéristiques. Vastes étendues divisées en petits carrés de champs, les uns cultivés, les autres labourés, arbres isolés ou plantés en lignes, fermes, petits villages, temps nuageux ou quelques nuages isolés flottant dans le ciel...

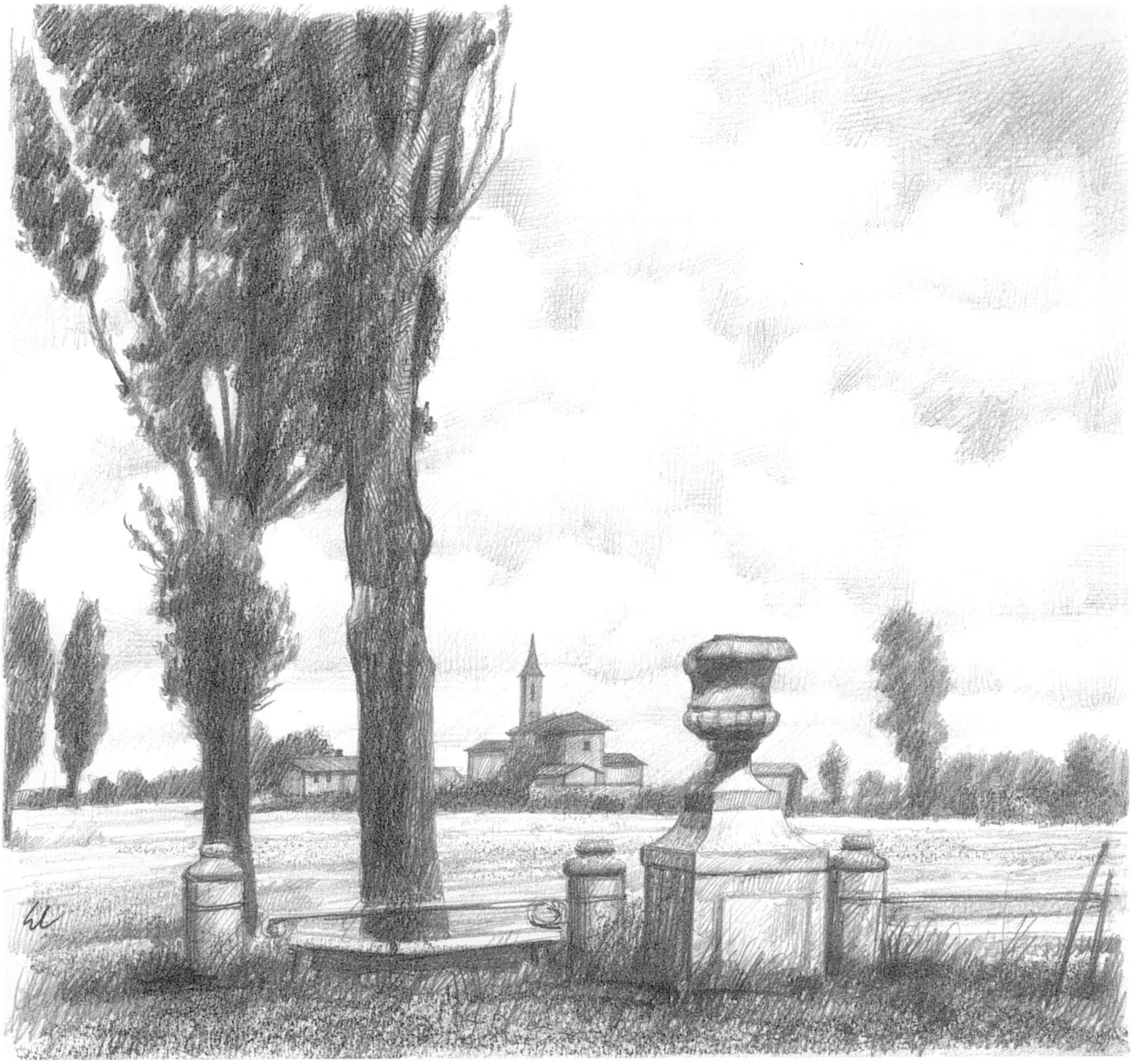

Le crayon et le fusain sont des outils qui se prêtent bien au caractère spécifique du paysage de plaine, car ils permettent d'ébaucher cet aspect particulier de la plaine de manière assez synthétique et d'en maintenir, ainsi, l'effet de profondeur spatiale. Les deux dessins reproduits dans ces pages ont été réalisés à l'aide d'une mine 4B sur papier de moyen grammage. Notez la direction des traits de crayons qui, parfois, suggèrent le caractère accidenté du terrain et les masses de végétation. Les photographies présentent d'autres sujets dont vous pouvez vous inspirer.

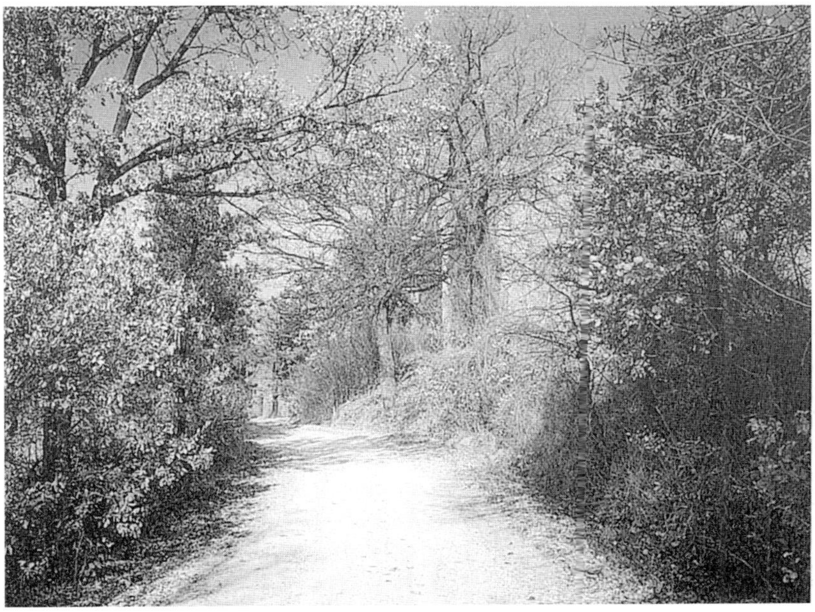

18 *La mer*

Avec les « marines », nous voyons que l'eau est un élément fondamental du paysage. La mer, en particulier, représente un thème exclusif regroupant aussi bien les sujets de barques et de bateaux que les reflets aquatiques ou encore les ports... Avant de dessiner, observez bien la direction du ressac, des vagues, et comment ces dernières se brisent sur la rive. Sur une feuille de papier, disposée de préférence dans le sens horizontal, laissez peu de place au ciel et concentrez votre attention sur la masse de l'eau. Les vagues au loin seront dessinées de manière synthétique, par des traits brefs, horizontaux, pas trop fondus les uns avec les autres. Les vagues du premier plan, en revanche, demandent une construction plus « précise », en tant que masses principales. Souvent, il vaut mieux les représenter d'un seul trait net et précis, orienté de manière à suggérer clairement la forme de la vague. Une pointe grasse est conseillée pour dessiner la mer, ou même le fusain. C'est encore l'aquarelle, plus que toute autre technique, qui permet de bien rendre l'élément aquatique. Simplifiez votre dessin, évitez les détails trop minutieux et les rendus « photographiques » qui affaiblissent la structure globale de l'étude.

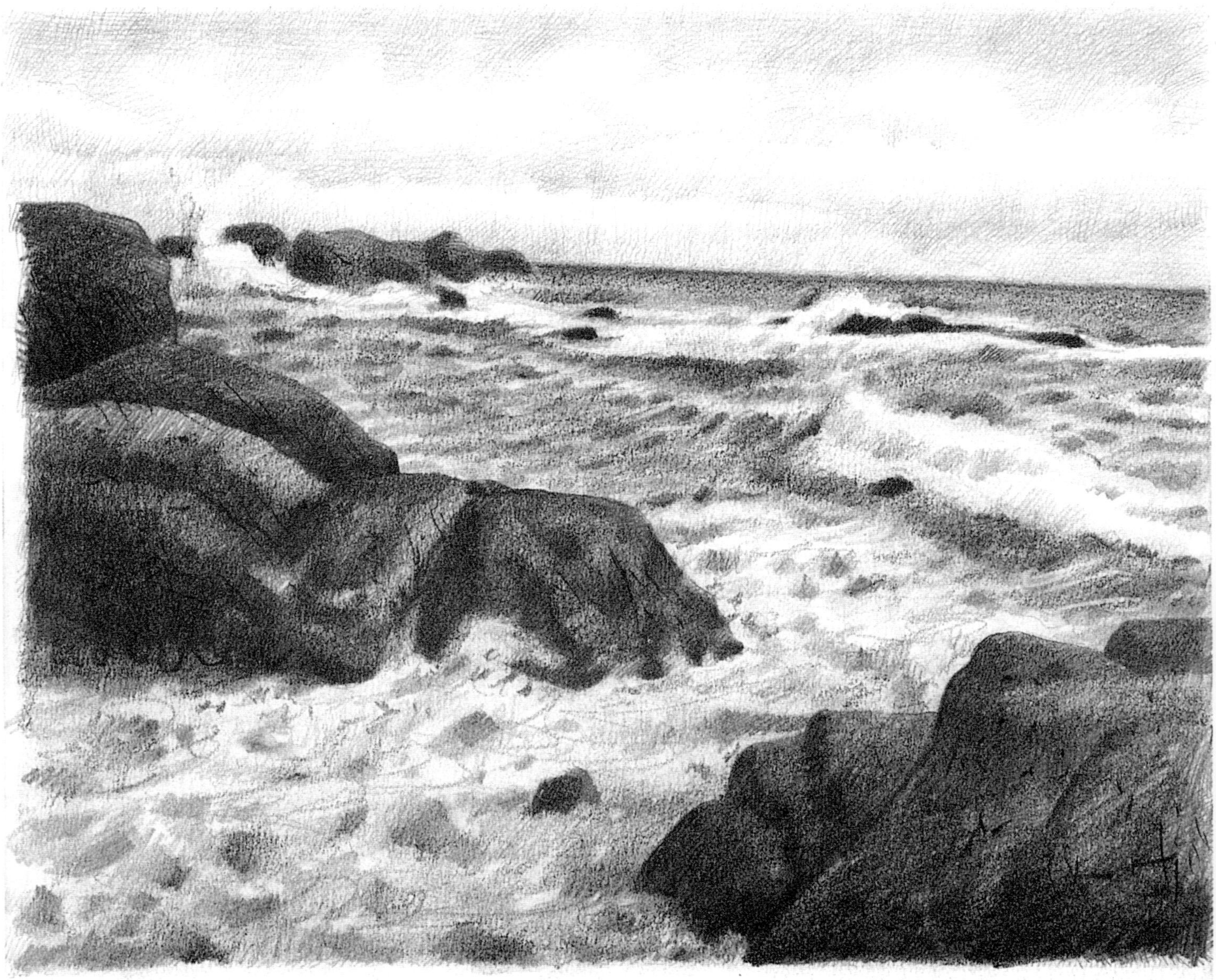

Crayon HB et 4B sur papier de moyen grammage, 30 x 33cm.

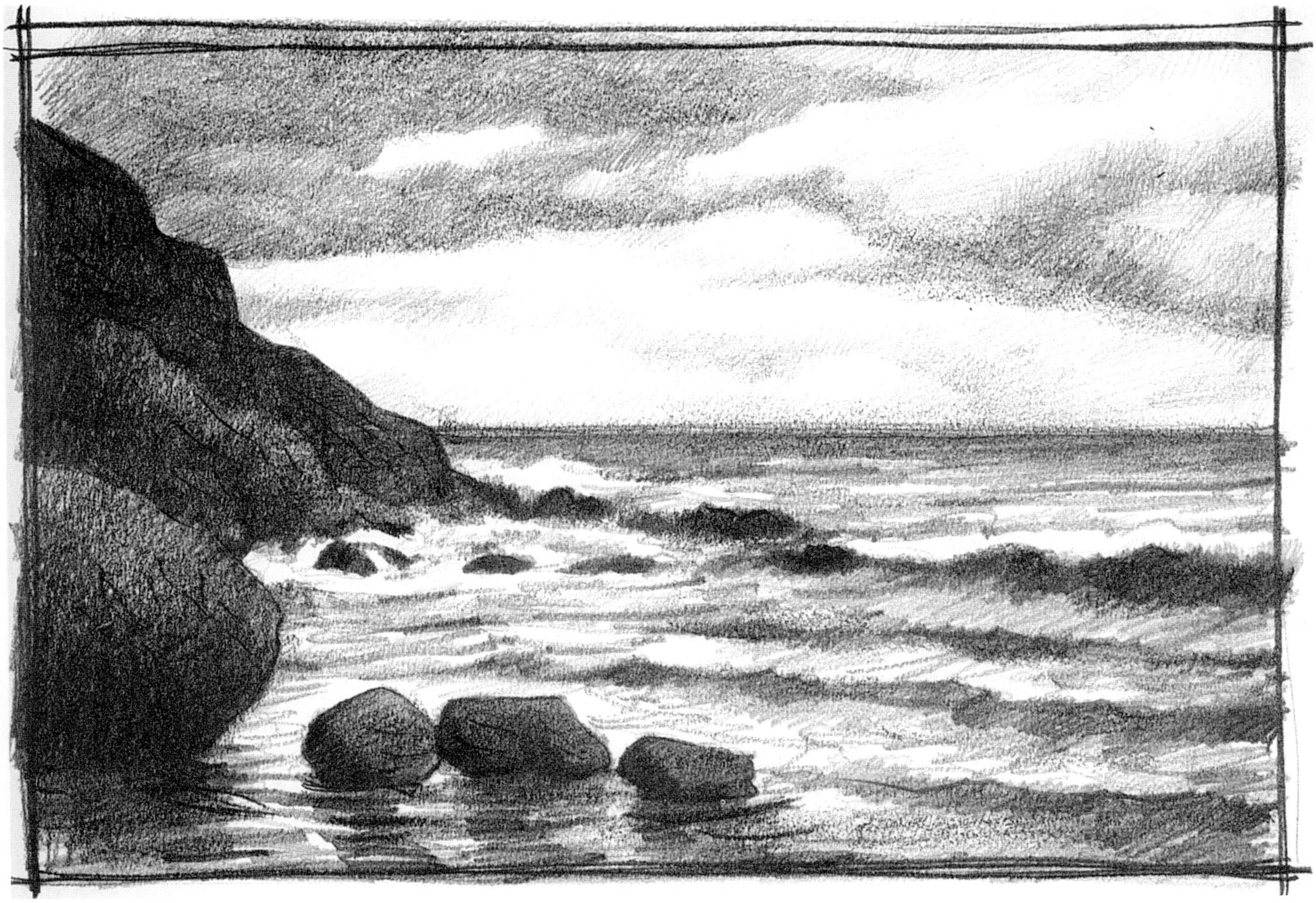

Étude préparatoire à une peinture. Crayon 6B sur papier, 20 x 32 cm.

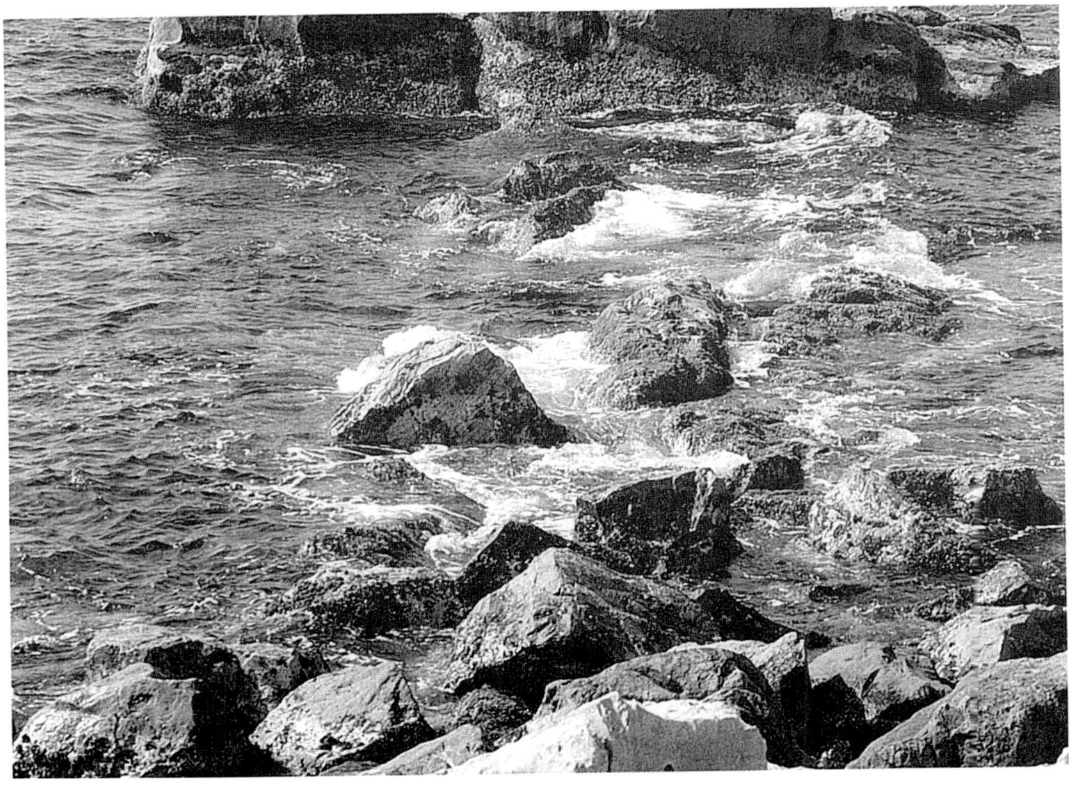

19 Le paysage urbain et industriel

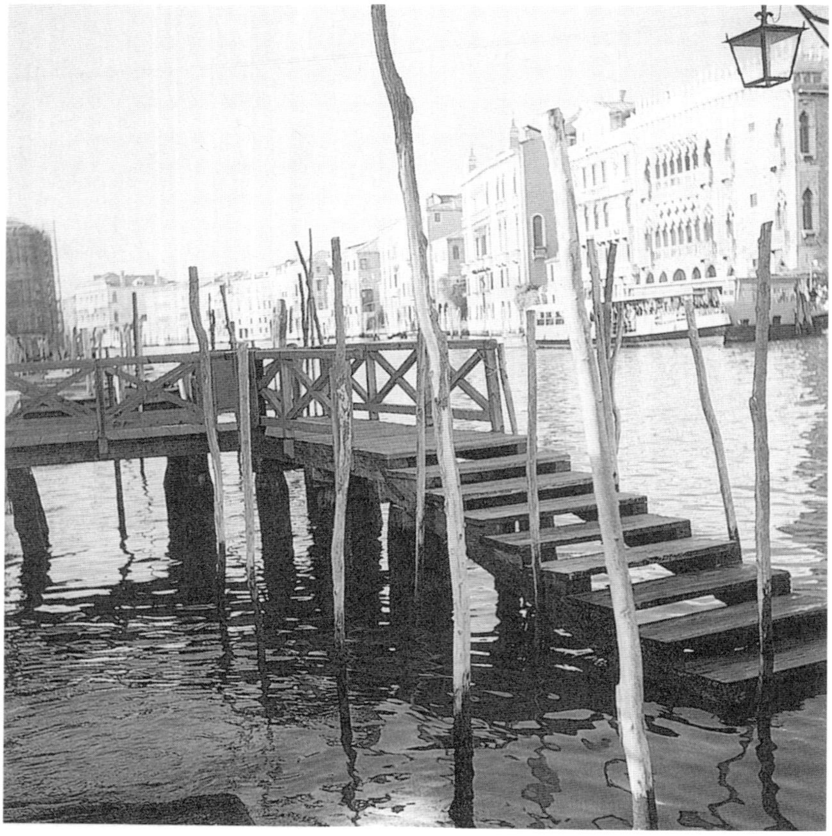

Nous vivons dans des lieux habités : grandes villes ou petits villages. Le dessinateur y trouvera bien des motifs d'intérêt : édifices anciens ou modernes, monuments, artères encombrées, places, avenues ombragées. Les sujets ne manquent pas et vous permettront d'aborder l'ensemble des techniques évoquées plus avant dans ce livre. De même, chaque ville a ses vues dites typiques, ses recoins bien « caractéristiques »... Osez alors les dessins banals, les vues « carte postale ». N'hésitez pas à emprunter les sentiers battus ! Ce qui importe avant tout est de chercher à rendre un certain climat dans son caractère « historique » et social. Chaque artiste doit savoir rendre graphiquement les traits fondamentaux des sujets urbains maintes fois représentés et devenus des attractions touristiques. C'est précisément en vertu de leur aspect éminemment populaire que ces sujets demandent une attention toute particulière pour peu que l'on veuille en offrir une vue inédite.

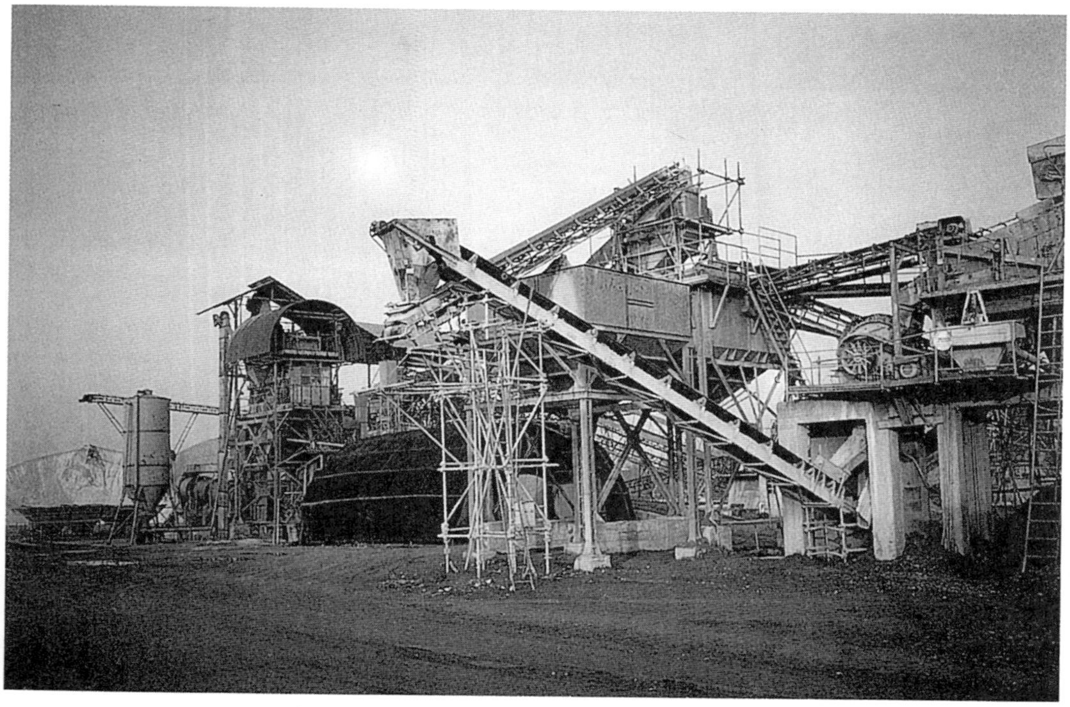

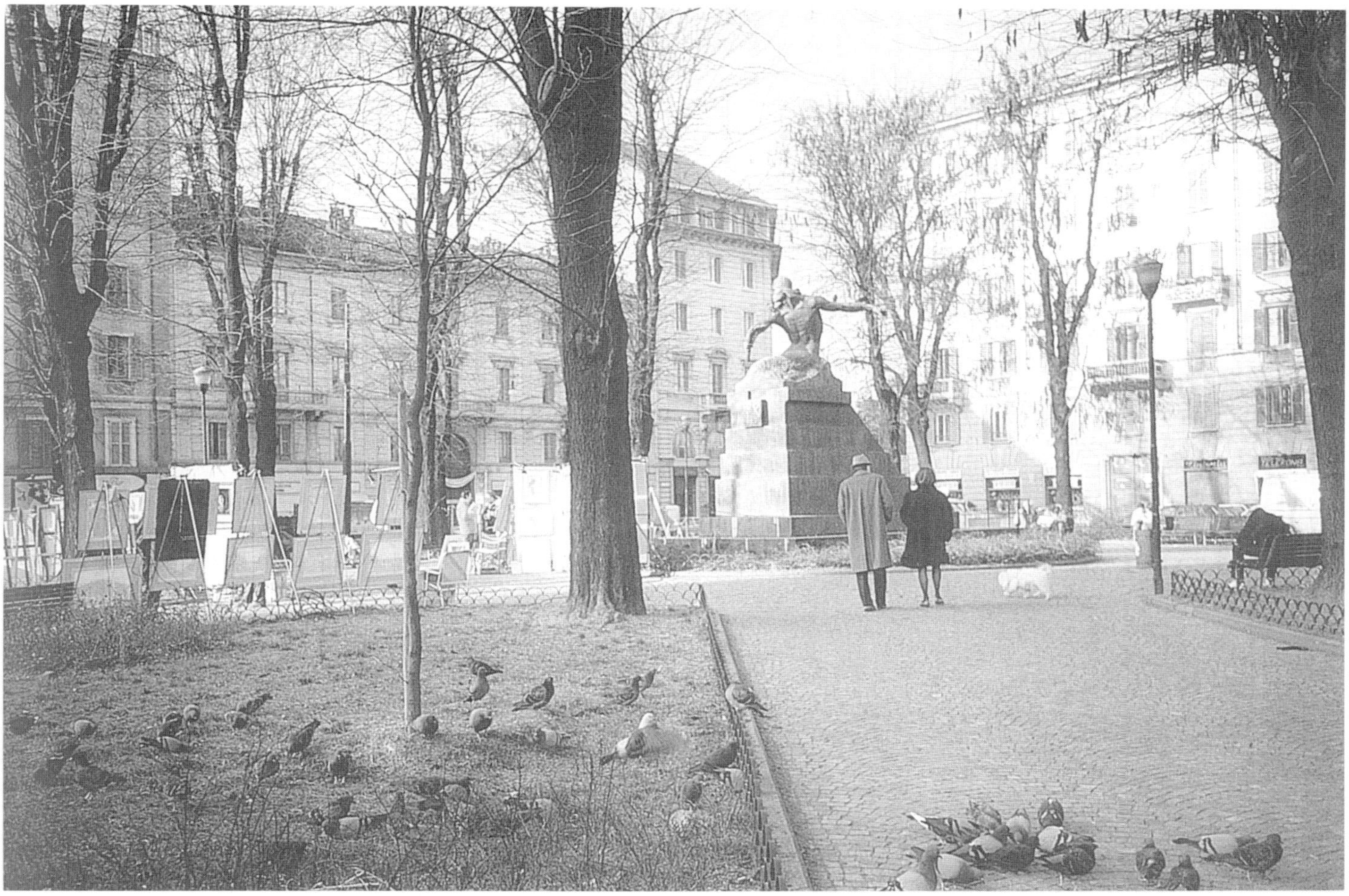

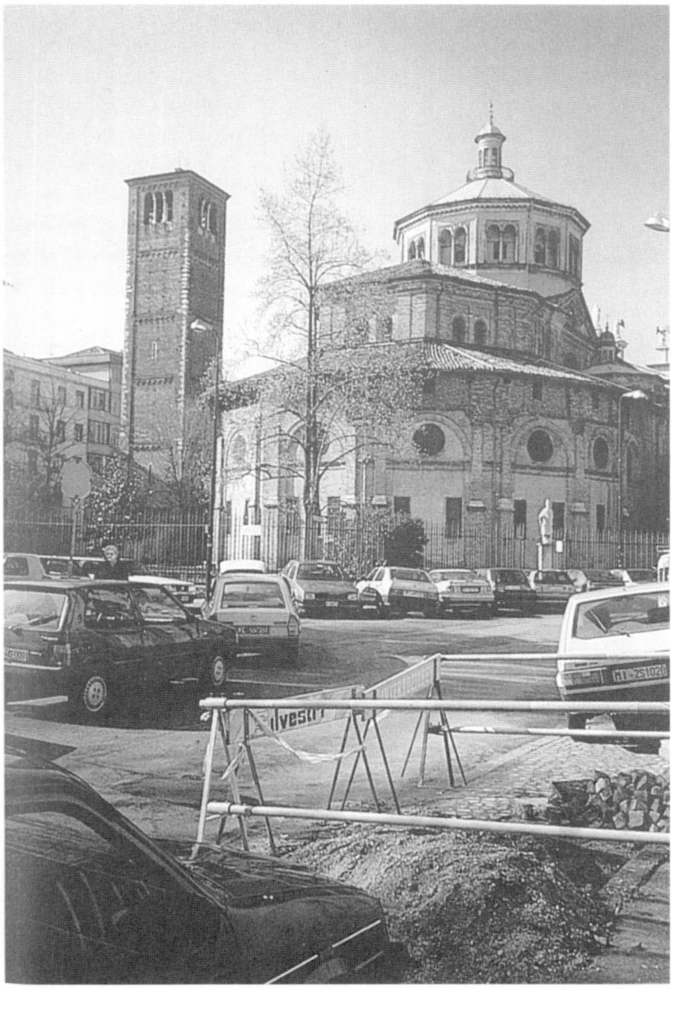

Allez explorer la périphérie des grandes villes. Vous y trouverez des usines, des implantations industrielles, des gazomètres, des voies ferroviaires... parfois nimbées de brumes ou de fumée, aux formes géométriques irrégulières, insolites. Ces sujets pourront vous suggérer d'intéressants dessins. Même s'ils n'offrent pas la même poésie naturelle inspirés par des paysages plus « traditionnels », ces endroits sont souvent empreints d'une certaine beauté et dégagent une rare force expressive pouvant inspirer d'intéressantes représentations figuratives. Il s'agira alors, avant tout, de rendre un certain climat ou l'empreinte proprement dite de ces zones industrielles. Pour ce type de représentation en particulier, essayez-vous au dessin à la plume et à l'encre. Vous pouvez vous exercer à cette technique en vous inspirant des photographies de ces deux pages. Après de brèves esquisses pour régler les questions de perspective et de composition, tracez sur la feuille choisie (un papier de bonne qualité aux dimensions moyennes) un léger dessin au crayon, sommaire mais précis. Intervenez ensuite avec la plume, que vous utiliserez avec une certaine liberté et souplesse du geste, en commençant par les contours des édifices. Introduisez à la fin les ombres avec des hachures ou en épaississant le trait de départ, ou encore par des taches d'encre diluée.

20 La montagne

Les paysages montagneux ne manquent pas en Europe. Mais c'est dans les Alpes qu'ils s'offrent avec le plus d'éclat. La force sculpturale des édifices rocheux, le contraste entre la pureté de la neige et la profondeur des ombres des cavités et des crevasses, les plans inclinés des bois et des prés, suggèrent une grande variété de thèmes et invitent à un dessin précis aux tonalités contrastées. Utilisez une pointe grasse (le fusain ou la plume rendent moins bien) et un papier à grain. Soignez la perspective aérienne, efforcez-vous de traiter différemment les divers éléments (roche, herbe, arbres, neige, glace, etc.). Par exemple, les roches, et surtout celles du premier plan, doivent montrer la rugosité et l'irrégularité de la matière. Servez-vous de petits traits parallèles ou croisés, de « piqueté » et autres traits adéquats. Prés et arbres seront abordés par des petits traits de crayon verticaux. La neige, dans les zones ensoleillées, peut être représentée par des réserves de blanc du papier et par le renforcement de certaines ombres, ce qui aura pour effet de donner à l'étendue enneigée épaisseur et consistance.

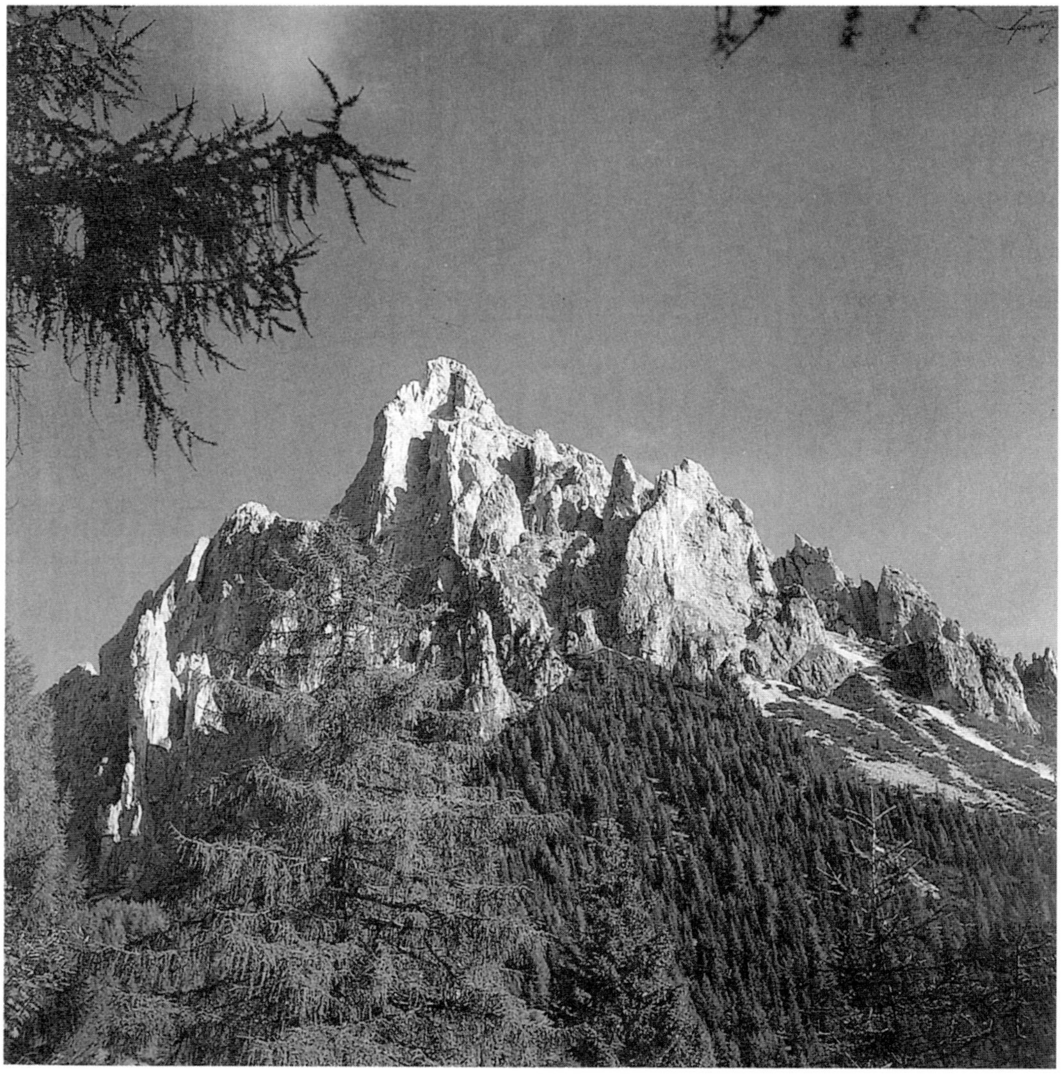

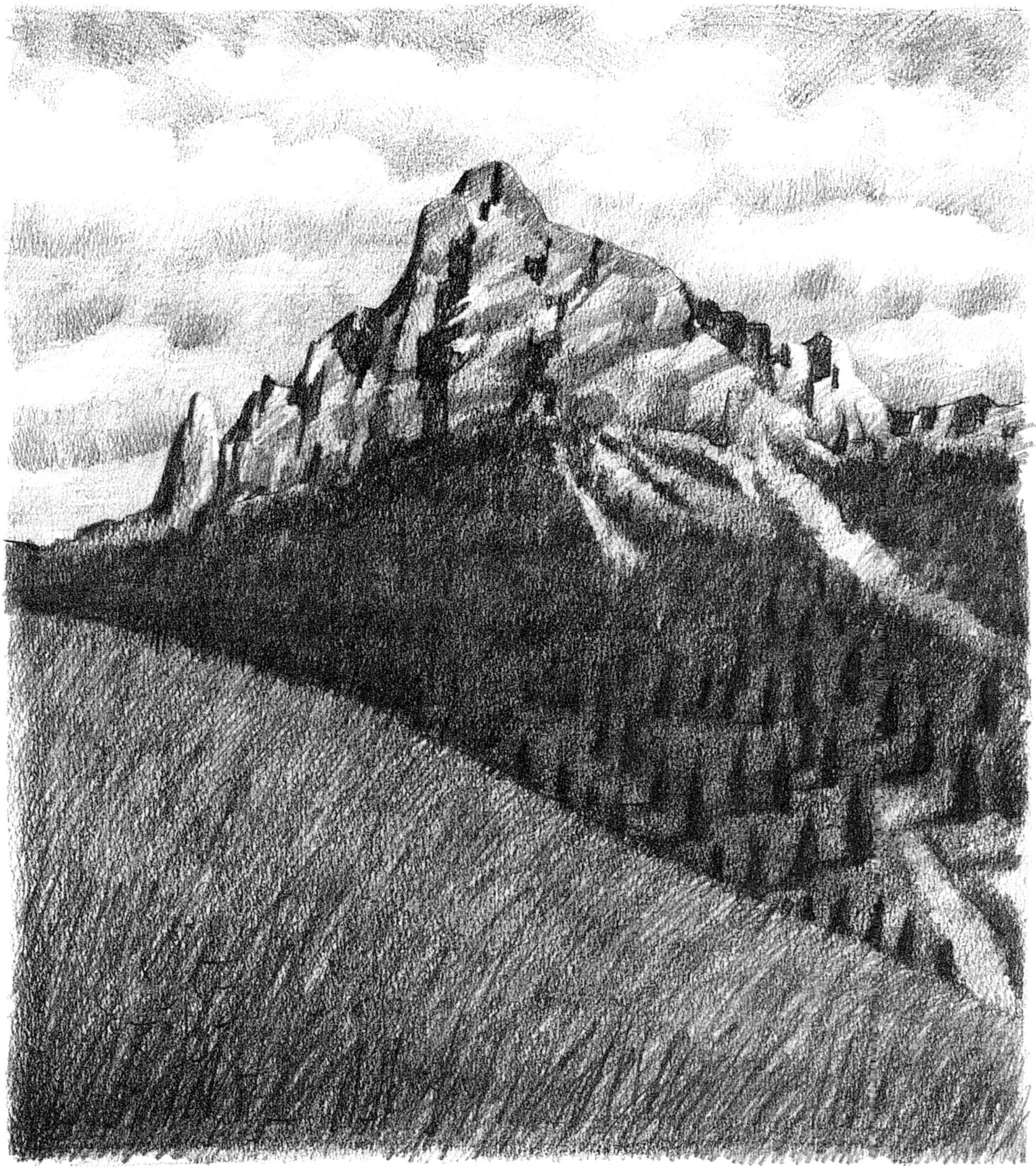

Les Dolomites en été.

Pointe grasse sur papier, 30 x 40 cm.

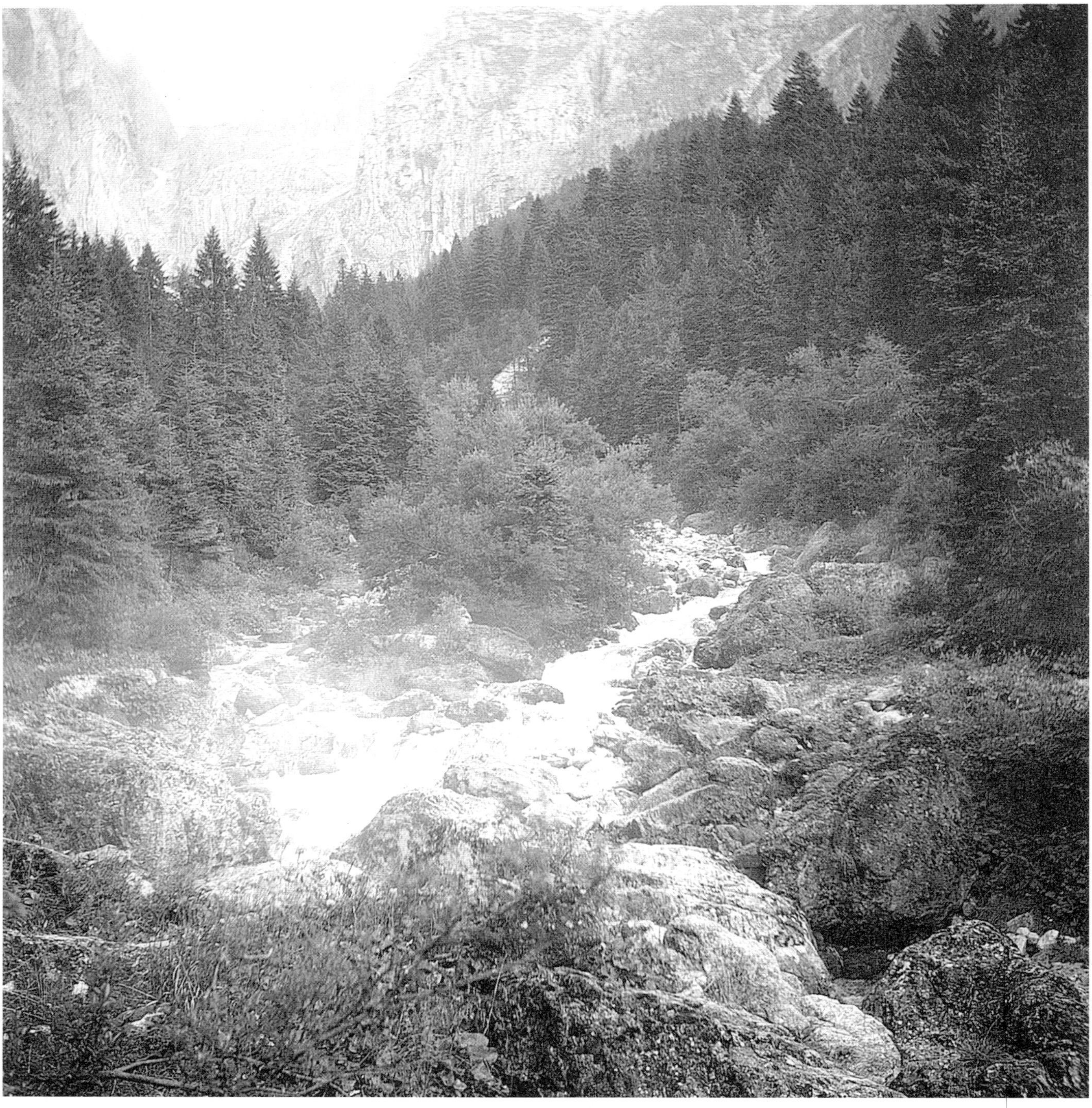